Der kleine Vornamenfinder für Jungen

Duden

Der kleine Vornamenfinder für Jungen

Dudenverlag
Berlin

Die Duden-Sprachberatung beantwortet Ihre Fragen
zu Rechtschreibung, Zeichensetzung, Grammatik u. Ä.
montags bis freitags zwischen 09:00 und 17:00 Uhr.
Aus Deutschland: 09001 870098 (1,99 EUR pro Minute aus dem Festnetz)
Aus Österreich: 0900 844144 (1,80 EUR pro Minute aus dem Festnetz)
Aus der Schweiz: 0900 383360 (3,13 CHF pro Minute aus dem Festnetz)
Die Tarife für Anrufe aus den Mobilfunknetzen können davon abweichen.
Den kostenlosen Newsletter der Duden-Sprachberatung können Sie
unter www.duden.de/newsletter abonnieren.

Bibliografische Information der Deutschen Nationalbibliothek
Die Deutsche Nationalbibliothek verzeichnet diese Publikation in der Deutschen Nationalbibliografie; detaillierte bibliografische Daten sind im Internet über http://dnb.d-nb.de abrufbar.

D C B A
Bibliographisches Institut GmbH, Mecklenburgische Straße 53, 14197 Berlin

Redaktion Ilka Pescheck
Bearbeitung Rosa Kohlheim, Volker Kohlheim, Carsten Pellengahr
Vollständig durchgesehene und erweiterte 2. Auflage; erarbeitet auf Grundlage des großen Vornamenlexikons, 5. Auflage, von Rosa und Volker Kohlheim

Abbildungen im Innenteil © Fotolia, Marina Zlochin

Herstellung Ursula Fürst
Layout Sigrid Hecker, Mannheim
Umschlaggestaltung Büroecco, Augsburg
Umschlagabbildung Getty Images/Cultura RF
Satz Sagittarius-A GmbH, Hirschberg; Sigrid Hecker, Mannheim
Druck und Bindung CPI books GmbH, Birkstraße 10, 25917 Leck
Printed in Germany

ISBN 978-3-411-71166-6

www.duden.de

Ben oder Benjamin, Jan oder Jannik?

Oft wissen Eltern zwar schon früh, ob es ein Junge oder ein Mädchen wird, die Namenwahl fällt deswegen trotzdem nicht leichter. Wie soll der Name des zukünftigen Kindes lauten? Eher traditionell oder lieber ausgefallen, eher kurz und prägnant oder doch lieber lang? Soll es ein spanischer, hebräischer oder norwegischer Name werden?

»Der kleine Vornamenfinder für Jungen« hilft Ihnen, die richtige Entscheidung zu treffen. Er verzeichnet über 2000 Namen, deren Aussprache, Bedeutung und deren Herkunft aus unterschiedlichen Sprachen und Kulturen. 40 zusätzliche Zusammenstellungen zeigen Sammlungen von Namen nach ihrer Bedeutung (z. B. Namen mit der Bedeutung »stark«), ihrer Herkunft (z. B. die schönsten türkischen Jungennamen) sowie nach bekannten Namensträgern. Weitere wertvolle Tipps zur Namengebung, z. B. der Umgang mit Rufnamen oder standesamtliche Bestimmungen, finden sich im Anschluss an dieses Vorwort.

Gerade bei Namen aus fremden Sprachen ist es wichtig, sich über die Aussprache im Klaren zu sein. Zur besseren Orientierung dienen die Betonungsangaben im Stichwort (Namen): Ein Strich oder Punkt unter einem Vokal bedeutet, dass die entsprechende Silbe betont wird, wobei der Punkt für einen kurzen und der Strich für einen langen Vokal steht (z.B. Cl̩int oder S̲eraphin). Namen, bei denen sich die Lautung von der deutschen Aussprache unterscheidet, wurden mit Ausspracheangaben nach dem Zeichensystem der IPA (International Phonetic Association) ergänzt. Weitere Angaben zur Betonung und Aussprache folgen auf den Seiten 9 und 10 in diesem Buch.

Berlin, im Oktober 2017
Die Dudenredaktion

Die Bedeutung eines Namens Bei der Auswahl eines exotischen Vornamens sollten sich die Eltern unbedingt über dessen Bedeutung im Klaren sein, damit es später nicht zu unliebsamen Überraschungen kommt.

Schwere Entscheidung Fällt die Wahl zwischen zwei Vornamen schwer, so lässt man am besten beide eintragen. Welcher davon der im Alltag gebrauchte Rufname wird, ist im Nachhinein noch festlegbar.

Richard Wagner und Julius Cäsar? Koppelungen, die den Namen berühmter Persönlichkeiten entsprechen, sind auf jeden Fall ungünstig. Das Kind läuft dann Gefahr, Spott ausgesetzt zu sein.

Etwas ganz Besonderes soll es sein Klangvolle exotische Namen verleihen ihrem Träger ein Stück Individualität und verschaffen ihm Aufmerksamkeit. Nützlich ist dabei, wenn sie auch für deutsche Ohren einigermaßen eingängig klingen und nicht allzu schwer zu schreiben sind.

Fremdsprachliche Vornamen Bei der Wahl eines ausgefallenen fremdsprachlichen Namens sollte man sich auf jeden Fall über die korrekte Schreibweise und Aussprache informieren, um seinem Kind später Peinlichkeiten zu ersparen.

Kurz- und Koseformen Besser ist es, die Vollform im Stammbuch eintragen zu lassen. Mancher Alex möchte als erwachsener Mann lieber als Alexander unterschreiben, auch wenn er sich von Freunden und Verwandten immer noch Alex nennen lässt.

Wer darf mitentscheiden? Ob Eltern den Namen ihres Kindes bis zur Geburt völlig geheim halten wollen, ist sicher eine Frage, die sie selbst beantworten müssen. Mit zu vielen Personen sollten sie die Namenfrage aber sicher nicht besprechen, denn jeder Mensch hat seine ganz persönlichen Vorlieben und Abneigungen, und die Entscheidungsfindung wird durch zu viele Meinungen erheblich erschwert.

Humor ist fehl am Platz Kein Kind dankt seinen Eltern später Verbindungen, die sich reimen wie Reinald Kobald, oder gar Namenkombinationen, die sich zu einer Wortverbindung der Allgemeinsprache ergänzen, wie etwa Reiner Zufall.

Auf keinen Fall ein Name aus den Hitlisten? Haben Eltern erst einmal Gefallen an einem Namen gefunden, stellen sie oft enttäuscht fest, dass er zu den Spitzenreitern zählt. Die Befürchtung aber, der kleine Ben könne spätestens in der Schule auf vier weitere Bens treffen, ist unbegründet. Auch die beliebtesten Namen verteilen sich derzeit nur auf zwei bis drei Prozent eines Jahrgangs.

Standesamtliche Bestimmungen In der Wahl des Vornamens sind Eltern grundsätzlich frei, doch entscheidend ist letztlich das Wohl des Kindes. Das Standesamt wird daher anstößigen, lächerlichen oder unpassenden Namen (wie etwa den tatsächlich beantragten Namen Satan, Störenfried, Bierstübl) keine Zustimmung erteilen.

Keine Wörter aus der Allgemeinsprache Es sollten vor allem solche Namen gewählt werden, die ihrem Wesen nach Vornamen sind. Darum sind Wörter des allgemeinen Sprachgebrauchs ausgeschlossen. Niemand darf sein Kind Pfeil, Feder oder Klug nennen.

Häufung von Vornamen Die Zahl von Vornamen, die ein Kind bekommen darf, ist offiziell nicht geregelt, doch sollte man sich besser auf die Vergabe von zwei oder drei Vornamen beschränken. Mehr als drei Vornamen dürften sich im täglichen Leben, z. B. im Umgang mit Behörden, eher als unpraktisch erweisen.

Rufname Egal, wie viele Vornamen die Eltern standesamtlich eintragen lassen: Im Alltag wird im Allgemeinen nur ein Rufname benutzt. Die früher existierende Anweisung, einen amtlichen Rufnamen zu wählen, der dann beim standesamtlichen Eintrag unterstrichen werden musste, gilt heute nicht mehr.

Tipps zur Namengebung

Wann spätestens muss die Entscheidung für einen (oder mehrere) Vornamen gefallen sein? Ist die Namenfrage bei der Anmeldung der Geburt noch nicht geklärt, so kann der Vorname auch noch nachträglich gemeldet werden. Das soll innerhalb eines Monats nach der Geburt geschehen.

Lange und kurze Namen Zu einem besonders langen Familiennamen passt besser ein kurzer Vorname, ein kurzer Familienname harmoniert im Allgemeinen besser mit einem längeren Vornamen.

Betonte und unbetonte Silben Klangvoll sind Kombinationen von Vor- und Familienname, in denen sich betonte und unbetonte Silben abwechseln, wie etwa bei Maximilan Weiß oder Simon Hardenberg.

Elterliche Vorlieben und Weltanschauungen Durch den Vornamen sollte ein Kind nicht zum Aushängeschild elterlicher Vorlieben und Weltanschauungen gemacht werden. Wer weiß denn schon, ob das Kind später beispielsweise die elterliche Liebe zur Musik teilen und einen Vornamen wie Johann Sebastian (nach J. S. Bach) nicht als Last empfinden wird.

Jan Johannes und Mike Michael? Vermeiden sollte man das Nebeneinander verschiedener Varianten oder Kurzformen desselben Namens!

Angaben zu Betonung und Aussprache

Vokale

a = helles a, dt. Blatt
ɑ = dunkles a, dt. war, engl. rather
ɐ = abgeschwächtes a, dt. Ober
ã = nasaliertes a, französ. grand
ʌ = dumpfes a, engl. but
æ = breites ä, dt. Äther
e = geschlossenes e, dt. Beet, engl. egg
ɛ = offenes e, dt. Bett, fett
ə = dumpfes e, dt. alle, Hacke
ɛ̃ = nasaliertes e, französ. fin, vin
i = geschlossenes i, dt. Wiese
ɪ = offenes i, dt. bin, mit, bitte
o = geschlossenes o, dt. Tor, Sohle
ɔ = offenes o, dt. Kopf, Ort
õ = nasaliertes o, französ. mon, nombre
œ = offenes ö, dt. Hölle, öfter
ø = geschlossenes ö, dt. Höhle, schön
u = geschlossenes u, dt. Mut, Uhr
ʊ = offenes u, dt. bunt
w = halbvokalisches w, engl. well, way
y = geschlossenes ü, dt. amüsieren
ɥ = konsonantisches ü, französ. Suisse, huile

Konsonanten

ç = deutscher Ich-Laut, dt. ich, Gewicht
ŋ = deutscher ng-Laut, dt. Hang, Ding
ɣ = ähnlich dem deutschen g-Laut, aber wesentlich weicher ausgesprochen, fast wie das deutsche Zäpfchen-r
s = stimmloses s, dt. lassen, Liste
z = stimmhaftes s; dt. Sonne, lesen
ʃ = stimmloses sch, dt. Schuh, Fisch
ʒ = stimmhaftes sch, dt. Garage, Genie, französ. jour
θ = stimmloses englisches th, engl. thing
ð = stimmhaftes englisches th, engl. the, that
v = stimmhaftes w, dt. Wald, Wein
x = deutscher Ach-Laut, dt. Krach, Achtung

Weitere Zeichen

ˈ = bezeichnet Betonung und steht vor der betonten Silbe
: = bezeichnet Länge des vorhergehenden Vokals
◌̯ = unter Vokalen, gibt an, dass der Vokal unsilbisch ist

Abkürzungsverzeichnis

Nicht verzeichnet finden sich all jene Abkürzungen für Sprachbezeichnungen, bei denen nur »-isch« zu ergänzen ist, z. B. *engl.* für *englisch.*

ahd.	althochdeutsch
aram.	aramäisch
eigtl.	eigentlich
evtl.	eventuell
hebr.	hebräisch
lat.	lateinisch
lit.	litauisch
männl.	männlich
mhd.	mittelhochdeutsch
mittellat.	mittellateinisch
n. Chr.	nach Christus
neuhebr.	neuhebräisch
niederdt.	niederdeutsch
v. Chr.	vor Christus
vgl.	vergleiche
Vorn.	Vorname
weibl.	weiblich
>	entwickelt zu
<	entwickelt aus

A

A̲a̲ron, (auch:) A̲ron: aus der Bibel, zu hebr. ʼaharōn, Bedeutung nicht sicher geklärt, wahrscheinlich ägyptischer Ursprung. Im Arabischen entspricht Aaron der Name ▸ Harun. Nach der Bibel war Aaron der ältere Bruder des Mose, sein Begleiter und Vertreter beim Zug zum Sinai.

Abdạllah: ▸ Abdullah.

Ạbdul: arabischer Ursprung, verkürzte Form von zahlreichen Vornamen, die mit arab. ʻabd »Diener [Gottes]« gebildet sind (z. B. ▸ Abdullah).

Abdụllah, (auch:) Abdạllah: zu arab. ʻabd »Diener« + Allāh »Gott«: »Diener Gottes«.

A̲bel: aus der Bibel, zu hebr. hebel »Hauch, Vergänglichkeit«, als Anspielung auf Abels vorzeitigen Tod. Nach der Bibel war Abel der zweite Sohn Adams, der von seinem Bruder Kain erschlagen wurde.

A̲braham, (auch:) A̲bram: zu hebr. ʼabrāhām. Nach der Bibel lautete der Name des ersten Erzvaters Israels ursprünglich Abram (»der Vater ist erhaben«) und wurde von Gott in Abraham (»Vater der Menge«) umgewandelt. Im Arabischen entspricht Abraham der Name ▸ Ibrahim.

Ạbsalom, (früher meist:) Ạbsalon (überkonfessionelle Form:) Ạbschalom: aus der Bibel, hebräischer Ursprung, zu hebr. ʼabšālōm, dessen Bedeutung als »der Vater ist Heil« oder »der Vater ist Friede« ausgelegt wird. Nach der Bibel war Absalom der dritte Sohn Davids. Um die Ehre seiner Schwester Tamar zu rächen, ließ er seinen Halbbruder ▸ Amnon ermorden.

Achịll, (auch:) Achịlles: aus der griechischen Mythologie, Name des griechischen Helden (griech. Achilleús), der im Trojanischen Krieg ▸ Hektor im Zweikampf besiegt; unbekannter, wahrscheinlich vorgriechischer Ursprung. Nach der »Ilias« fällt Achill, nachdem ihn Paris mit einem Pfeil an der Ferse verwundet hat.

Achim: Kurzform von ▸ Joachim.

Achmed, (auch:) Ahmed: aus dem Arabischen, Bedeutung »der Preiswürdigste«.

Adalbert, (auch:) Adelbert; Edelbert: alter deutscher Vorname, ahd. adal »edel, vornehm; Abstammung, [edles] Geschlecht« + ahd. beraht »glänzend«; etwa »von glänzender Abstammung«.

X **Adam:** aus der Bibel übernommen, Herkunft nicht sicher geklärt. Die Bibel sieht in dem Namen hebr. 'ădāmā den rotbraunen, weil gepflügten Ackerboden und versteht ihn zugleich als hebr. ha'ādām »der Mensch, die Menschheit«. Nach der Bibel war Adam der erste, von Gott erschaffene Mensch, aus Ackerboden gebildet und mit Lebensodem erfüllt.

Adamo, (deutsch auch:) Adamo: italienische Form von ▸ Adam.

Adelbert: Nebenform von ▸ Adalbert.

Adelhard, (auch:) Ahlert; Alert; Alhard; Edelhard; Ehlert: alter deutscher Vorname (ahd. adal »edel, vornehm; Abstammung, [edles] Geschlecht« + ahd. harti, herti »hart, kräftig, stark«).

Adem: türkische Form von ▸ Adam.

Adi: Kurzform von männl. Vornamen, die mit »Ad(al)-«, »Ad(el)-« gebildet sind, besonders von ▸ Adolf.

Adil: zu arab. 'ādil »gerecht«.

Adolf, (veraltet auch:) Adolph: jüngere Form von Adalwolf; ahd. adal »edel, vornehm; Abstammung, [edles] Geschlecht« + ahd. wolf »Wolf«.

Adolfo: italienische und spanische Form von ▸ Adolf.

Adonis: aus der griechischen Mythologie, semitischer Ursprung, wohl zu phöniz. ādōn »Herr«. Adonis war ein außerordentlich schöner junger Gott, der von Aphrodite, der Liebesgöttin, geliebt wurde.

Adriaan, (älter auch:) Adriaen: niederländische Form von ▸ Adrian.

Adrian, (älter auch:) Hadrian: zu lat. [H]adriānus »der aus der Stadt [H]adria«. Der Beiname des Kaisers Publius Aelius Hadrianus geht nach antiker Tradition auf den Herkunftsort seiner Eltern, Hadria, heute Atri, Provinz Teramo (nicht Adria südlich von Venedig), zurück.

Adriano: italienische Form von ▸ Adrian.
Adrianus: ▸ Adrian.
Adriël: aus der Bibel, zu hebr. ’adrī’ēl »Gott ist meine Hilfe«.
Adrien [...ˈɛ̃]: französische Form von ▸ Adrian.
Ady: Kurzform von Vornamen, die mit »Ad(al)-« gebildet sind.
Aegid, (auch:) Aegidius: ▸ Ägid.
Aeneas: aus der antiken Mythologie, griech. Aineías, lat. Aenēās; unbekannter, wahrscheinlich vorgriechischer Ursprung, bereits in der Antike volksetymologisch an griech. ainéein »loben, preisen« sowie an griech. ainós »schrecklich, gefürchtet« angelehnt.
Ägid, (auch:) Ägidius; Aegid; Aegidius; Egid; Egidius: Die Verbreitung des Namens geht zurück auf den heiligen Ägidius, Abt von St.-Gilles (Südfrankreich). Möglicherweise trug der Heilige einen Namen germanischer Herkunft (etwa Gillo), für den in lateinischen Texten dann Aegidius eintrat.
Ago: verselbstständigte Kurzform von Namen, die mit »Agi-« (zu german. *agi- »Schrecken«, später überlagert von ahd. ekka »[Schwert]schneide, Spitze«) gebildet wurden (z. B. Agimar, Agimund).
Aharon: neuhebräische Form von ▸ Aaron.
Ahlert: jüngere Form von ▸ Adelhard.
Ahlrich: ▸ Alrich.
Ahmed: ▸ Achmed.
Ahmet: türkische Form von ▸ Achmed.
Aidan, (auch:) Aiden; Aden [eɪdn]: irische Herkunft, englische Formen des gälischen Namens Aodán, einer Koseform von Aodh (»Feuer«).
[1]**Aik:** eindeutschende Schreibung des englischen Vornamens Ike (▸ [2]Ike).

Die schönsten englischen Jungennamen

Alan • *Andrew* • *Angus* • *Barney* • *Brandon* • *Dorian* • *James* • *Jeremy* • *Joshua* • *Luke* • *Matthew* • *Nick* • *Robin* • *Scott* • *Ted*

²Aik: ▸ Eike.
Aike: ▸ Eike.
Aiko: ▸ Eike.
Aimé [ɛˈme]: französische Form von Amatus (lat. amātus, -a, -um »geliebt«, zu amāre »lieben«).
¹Aimo: verselbstständigte Kurzform von Namen, die mit »Agi-« (▸ Ago) gebildet wurden.
²Aimo: finnisch-samische Herkunft, zu finn. aimo »vortrefflich, tüchtig«.
Ake: verselbstständigte friesische Kurzform von Namen, die mit »Agi-« (zu german. *agi- »Schrecken«, später überlagert von ahd. ekka »[Schwert]schneide, Spitze«) gebildet wurden (z. B. Agimar, Agimund).
¹Akim: nordische Kurzform von ▸ Joachim.
²Akim: russische Kurzform von ▸ Joachim.
Akın: türkische Herkunft (türk. akın »Ansturm, Angriff; Flut«).
Akira: japanische Herkunft, Bedeutung »hell, klar«.
Al [æl]: englische Kurzform von Namen, die mit »Al-« beginnen (etwa ▸ Alfred u. a.).
Aladin: zu arab. ʻAlāˈ-ad-Dīn »Erhabenheit des Glaubens«.
Alain [aˈlɛ̃]: aus dem Französischen, keltischer (bretonischer) Ursprung, vielleicht zu al- »Fels«.
Alan, (auch:) Allan; Allen [ˈælən]: aus dem Englischen, keltischer (bretonischer) Ursprung, vielleicht zu al- »Fels«, kam durch die normannischen Eroberer nach England.
Alban, (auch:) Alban: zu lat. Albānus »der aus der Stadt Alba Stammende«.
Albano: italienische Form von ▸ Alban.
Albert: jüngere Form von ▸ Adalbert.
Alberto: italienische und spanische Form von ▸ Albert.
Albertus: latinisierte Form von ▸ Albert.
¹Albin: Nebenform von ▸ Albwin.
²Albin, (auch:) Albin, Albinus: lateinische Herkunft, ursprünglich römischer Beiname, zu lat. albus »weiß«.
Albrecht: jüngere Form von Adalbrecht (▸ Adalbert).
Albwin, (auch:) Albin: alter deutscher Vorname, ahd. alb »Elf, Naturgeist« + ahd. wini »Freund«.
Aldo: verselbstständigte Kurzform von mehreren italienischen Namen germanischer Herkunft (z. B. ▸ Arnaldo, ▸ Rinaldo).

Alec ['ælɪk]: englische Kurzform von ▸ Alexander.
Alejandro [alɛ'xandro]: spanische Form von ▸ Alexander.
Alert: durch Zusammenziehung entstandene niederdeutsch-friesische Form von ▸ Adelhard.
Alessandro: italienische Form von ▸ Alexander.
Alessio: italienische Form von ▸ Alexis.
Alex: Kurzform von ▸ Alexander oder ▸ Alexis.
Alexander: lateinische Form von griech. Aléxandros (zu aléxō »wehre ab, schütze, verteidige« + anḗr, andrós »Mann«; etwa »der Männer Abwehrende, Schützer«).
Alexandre [alɛk'sɑ̃:dr]: französische Form von ▸ Alexander.
Alexei, (auch:) Alexej: russische Form von ▸ Alexis.
Alexis, (auch:) Alexius: griechischer Ursprung, verselbstständigte Kurzform von Namen, die mit »Alex-« (zu griech. aléxō »wehre ab, schütze«) gebildet sind.
Alf: Kurzform von Namen, die mit »Alf-« beginnen (besonders von ▸ Alfred), früher auch Kurzform von ▸ Adolf. Im Englischen ist Alf [ælf] eine Kurzform von Alfred.
Alfons, (veraltet auch:) Alphons: zugrunde liegt die spanische Form eines westgotischen Namens; der erste Bestandteil entspricht german. *haðu »Kampf«, der zweite Bestandteil entspricht ahd. funs »eifrig, bereit, willig«; die lautliche Umgestaltung erfolgte durch Kreuzung mit dem Namen Hildefonso/Ildefonso (ahd. hiltja »Kampf« + ahd. funs) sowie durch Anlehnung an das häufige Namenglied adal »edel, vornehm; Abstammung, (edles) Geschlecht«.
Alfonso: spanische und italienische Form von ▸ Alfons.
Alfred: aus dem Englischen, altengl. Ælfred, zu altengl. ælf »Elf, Naturgeist« + altengl. rǣd »Rat«.
Alfredo: italienische und spanische Form von ▸ Alfred.

Die schönsten französischen Jungennamen

Claude • Didier • Fabrice • Yves • Jacques • Lucien • Marc • Marcel • Mathieu • Maurice • Maxime • Noël • Pascal • Patrice • Thierry

Alhard: jüngere Form von ▸ Adelhard.
¹Ali: Kurzform von Namen, die mit »Al-« beginnen.
²Ali: zu arab. ʻalī »erhaben, edel«.
Aljoscha: russische Koseform von ▸ Alexei.
Allan, (auch:) Allen: ▸ Alan.
Alois, (auch:) Aloisius; Aloys; Aloysius: Latinisierung einer italienischen Koseform von Ludovico (▸ Ludwig), der eine altfranzös. Form dieses Namens (Looïs) zugrunde liegt.
Alphons: ▸ Alfons.
Alphonse [alˈfɔ̃:s]: französische Form von ▸ Alfons.
Alrich, (auch:) Ahlrich; Alrik: jüngere Form von Adalrich (ahd. adal »edel, vornehm; Abstammung, [edles] Geschlecht« + ahd. rīhhi »Herrschaft, Herrscher, Macht; reich, mächtig, hoch«).
Alvar: schwedische bzw. englische Herkunft, Bestandteile entsprechen ahd. alf »Elf, Naturgeist« + ahd. heri »Kriegsschar, Heer«.
Álvaro: spanischer [ˈalbaro] und portugiesischer [ˈalvɐru] Name westgotischen Ursprungs, dessen Etymologie noch ungeklärt ist. Italienische Form: Alvaro [alˈva:ro].
¹Alvin [ˈæl...]: aus dem Englischen, geht zurück auf altengl. Æðelwine oder Ælfwine zu altengl. æðel »edel« bzw. ælf »Elf, Naturgeist« + altengl. wine »Freund«.
²Alvin: Nebenform von ▸ Alwin, auch schwedisch und norwegisch.
Alwin: jüngere Form von ▸ Albwin oder von Adalwin (ahd. adal »edel, vornehm; Abstammung, [edles] Geschlecht« + ahd. wini »Freund«.
Amadeo: spanische Form von ▸ Amadeus.
Amadeus: aus lateinischen Bestandteilen gebildet, Bedeutung »liebe Gott!«: lat. amā »liebe!« zu amāre »lieben« + deus »Gott«.
Amand, (auch:) Amand: ▸ Amandus.
Amandus, (auch:) Amand; Amand: zu lat. amandus, -a, -um »liebenswürdig, lieblich«, zu amāre »lieben«.
Ambrosius, (auch:) Ambros: zu griech. ambrósios »zu den Unsterblichen gehörend, göttlich«.
rigo: italienische Entsprechung von Heimerich (▸ Heinh).

Ämilius: ▸ Emil.

Amin: zu arab. al amīn »der Vertrauenswürdige«, Beiname des Propheten Mohammed.

Amir: zu arab. amīr »Befehlshaber, Prinz«.

Amko: verselbstständigte niederdeutsch-friesische Koseform von Namen, die mit »Amal-« (got. *amals »tüchtig, tapfer«) gebildet wurden. Dieser Namenbestandteil ist kennzeichnend für die Namen des ostgotischen Königsgeschlechts der Amaler oder Amelungen.

Ammar: arabische Herkunft (arab. 'ammār »langlebig« zu arab. 'amara »lange leben«).

Amnon: aus der Bibel, zu hebr. 'amnōn »treu, zuverlässig«. Nach der Bibel war Amnon der älteste Sohn König Davids. Er vergewaltigte seine Halbschwester Tamar und wurde deshalb von ihrem Bruder Absalom ermordet.

Amon: aus der Bibel, zum hebr. Stamm 'mn »treu sein«. Nach der Bibel war Amon ein König von Juda.

Amos: zu hebr. 'āmōs »der [von Gott] Getragene«. Nach der Bibel war Amos ein Viehhirte aus Tekoa, der von Gott zum Propheten berufen wurde und radikale Kritik an dem unsozialen Verhalten der führenden Kreise Israels übte.

Amrit: zu sanskrit. amṛta »unsterblich«.

Anand: aus Indien, zu sanskrit. ānanda »Glück, Freude«.

Anastasius: zu griech. anástasis »Auferstehung«.

Anatol: geht zurück auf den spätantiken Namen Anatolius. Dieser ist eine männl. Form des griechischen Frauennamens Anatolē (griech. anatolḗ »Sonnenaufgang; Gegend des Sonnenaufgangs; Morgenland, Kleinasien«).

Die schönsten italienischen Jungennamen

Alessio • *Aurelio* • *Camillo* • *Fabio* • *Gino* • *Lorenzo* • *Luigi* • *Massimo* • *Matteo* • *Maurizio* • *Remo* • *Renato* • *Romano* • *Silvio* • *Valerio* • *Vittorio*

Anders: Nebenform von ▸ Andreas, auch schwedisch.
Andi: Koseform von ▸ Andreas.
[1]**Andor** ['ɔndɔr], (deutsch auch:) Andor: ungarische Form von ▸ Andreas.
[2]**Andor:** norwegische oder schwedische Herkunft. Der erste Namenbestandteil entspricht ahd. arn »Adler«, der zweite enthält den Namen des altnordischen Donnergotts Thor.
András ['ɔndra:ʃ]: ungarische Form von ▸ Andreas.
Andre, (auch:) Andre: oberdeutsche Form von ▸ Andreas, auch als Eindeutschung von französ. ▸ André gebraucht.
André [ã'dre]: französische Form von ▸ Andreas.
Andrea: italienische Form von ▸ Andreas.
Andreas: griechischer Ursprung, verselbstständigte Kurzform von Namen, die mit »Andr-« (zu griech. anḗr, andrós »Mann«) gebildet sind.
Andrei: eindeutschende Schreibweise von ▸ Andrej oder rumänische Form von ▸ Andreas.
Andrej: russische Form von ▸ Andreas.
Andres: ▸ Andreas.
Andrew ['ændru:]: englische Form von ▸ Andreas.
Andries: niederdeutsch-friesische und niederländische Form von ▸ Andreas.
Andrik: russische Koseform von Andrej (▸ Andreas).
Andy ['ændɪ]: aus dem Englischen, Koseform von Andrew (▸ Andreas).
Angel ['eɪndʒɛl]: englische Form von ▸ Angelus.
Angelino [...dʒe'li:...]: italienische Koseform von ▸ Angelo.
Angelo ['andʒelo]: italienische Form von ▸ Angelus.
Angelos: zu griech. ángelos »Bote, Bote Gottes, Engel«.
Angelus: lateinische Form von ▸ Angelos.
Angus ['æŋgəs]: englische Form des gälischen Namens Aonghus (»einzige Wahl«).
Anish ['aniʃ]: indischer Herkunft (sanskrit. aniś »der Höchste«), Name, der auf einen Beinamen des Gottes Wischnu zurückgeht.
Anjo: friesische Koseform von Namen, die mit dem Namenwort arn gebildet sind (▸ Arnold); männl. Bildung zu Anja, der russischen Form von Anna: zu hebr. hannā »Anmut,

Liebreiz«; Anna hieß nach der christlichen Überlieferung die Mutter Marias.

Anno: alter deutscher Vorname, Kurzform von ▸ Arnold.

Ansbert: alter deutscher Vorname (german. *ans- »Gottheit« + ahd. beraht »glänzend, berühmt«).

Anselm: alter deutscher Vorname, zu german. *ans- »Gottheit« + ahd. helm »Helm«.

Ansgar: alter deutscher Vorname, zu german. *ans- »Gottheit« + ahd. gēr »Speer«.

Anthony [ˈæntənɪ]: englische Form von ▸ Anton.

Antoine [ãˈtwan]: französische Form von ▸ Anton.

Anton, (auch:) Antonius: lateinischer Ursprung, geht zurück auf einen altrömischen Geschlechternamen.

Antonín: tschechische Form von ▸ Anton.

Antonino: aus dem Italienischen, geht zurück auf den römischen Geschlechternamen Antoninus.

Antonio: spanische und italienische Form von ▸ Anton.

Antonius: ▸ Anton.

Archibald: englische Form (über altfranzös. Archimbald) von Erkenbald (ahd. erchan »fest, vornehm, hervorragend« + ahd. bald »kühn«).

Ares: aus der griechischen Mythologie. Ares, Sohn von Zeus und Hera, war der Gott des Krieges.

Arian: friesische und niederländische Nebenform von ▸ Adrian.

Aribert: romanische Form von ▸ Heribert.

Ariel, (überkonfessionelle Form:) Ariël: hebräischer Ursprung, der noch nicht sicher geklärt ist (hebr. ʼarīʼēl »Löwe Gottes« oder »Altar-Herd«?).

Arif: zu türk. arif »weise«.

Die schönsten spanischen Jungennamen

Alfonso • *Carlos* • *Diego* • *Domingo* • *Esteban* • *Felipe* • *José* • *Manuel* • *Pablo* • *Paco* • *Pedro* • *Pepe* • *Ramón* • *Rodrigo* • *Salvador*

Arik: Kurzform von mehreren russischen Vornamen.

Aristide: aus dem Französischen, griechischer Ursprung (griech. Aristéidēs, zu griech. áristos »der Beste, der Edelste«, etwa »Sohn des Edelsten«).

Aristoteles: zu griech. áristos »der Beste« und griech. télos »Ziel, Vollendung«.

Arjan, (auch:) Arjen: friesische und niederländische Form von ▸ Adrian.

Arjuna ['ardʒu:na], (auch:) Arjun ['ardʒu:n]: aus Indien stammender Vorname (sanskrit. arjuna »silberweiß, glänzend«), Name einer Gestalt in dem indischen Epos »Mahabharata« (5. Jh. v. Chr. bis 4. Jh. n. Chr.).

Arman: zu pers. armān »Ideal, Hoffnung, Wunsch«.

Armand [ar'mã]: französische Form von ▸ Hartmann oder ▸ Hermann.

Armando: italienische und spanische Form von ▸ Hartmann oder ▸ Hermann.

Armin: geht zurück auf den Namen des Cheruskerfürsten Arminius, Kurzform zu einem mit german. *ermana, *irmina »allumfassend, groß« gebildeten Namen, wahrscheinlich german. *Ermin-mēraz, latinisiert *Ermino-merus. Im 18./19. Jh. wurde Arminius fälschlich mit ▸ Hermann gleichgesetzt.

Arnaldo: spanische und italienische Form von ▸ Arnold.

Arnaud: [ar'no]: französische Form von ▸ Arnold.

Arnbjörn: nordischer Herkunft (altnord. ǫrn »Adler« + altnord. bjǫrrn »Bär«).

Arnd, (auch:) Arndt; Arnt: durch Zusammenziehung entstandene Kurzform von ▸ Arnold.

Arne: nordische Kurzform von Namen, die mit »Arn-« gebildet sind (z. B. Arnvald; vgl. ▸ Arnold).

Arnim: ursprünglich Ortsname (bei Potsdam), vielleicht Vermischung mit ▸ Armin.

Arno: Kurzform von Namen, die mit »Arn-« gebildet sind (z. B. ▸ Arnold).

Arnold, (auch:) Arnolt: alter deutscher Vorname, zu ahd. arn »Adler« + ahd. -walt zu waltan »walten, herrschen«.

Arnolf: ▸ Arnulf.

Arnolt: ▸ Arnold.

Arnt: ▸ Arnd.

Arnulf, (auch:) Arnolf: alter deutscher Vorname, zu ahd. arn »Adler« + ahd. wolf »Wolf«.

Aron: ▸ Aaron.

Arslan: zu türk. arslan »Löwe«.

¹Art: niederdeutsche und niederländische Kurzform von ▸ Arnold.

²Art: englische Kurzform von ▸ Arthur.

Artur, (auch:) Arthur: aus dem Englischen, geht zurück auf den sagenhaften König Arthur, wahrscheinlich keltischer (walisischer) Herkunft, zu kelt. artos »Bär«, möglicherweise aber auch Ableitung von einem römischen Geschlechternamen (Artorius), der dann durch römische Legionäre nach Britannien getragen wurde.

Arun: zu sanskrit. aruna »rötlich braun, die Farbe der Morgendämmerung, von Gold und Rubinen«, in alten indischen Texten Verkörperung der Morgendämmerung, des Lenkers des Sonnenwagens.

Arved: Nebenform von ▸ Arvid.

Arvid: nordische Herkunft, geht zurück auf altnord. Arnviðr. Der erste Namenbestandteil entspricht ahd. arn »Adler«, der zweite enthält altnord. viðr »Baum, Wald« und ist wohl als poetische Umschreibung des Kriegers aufzufassen.

Arvo: zu finn. arvo »Würde«.

Arwed: eindeutschende Schreibweise von ▸ Arved.

Arwid: eindeutschende Schreibweise von ▸ Arvid.

Arwin: aus ahd. aro »Adler« + ahd. wini »Freund«.

Asad: zu arab. as'ad »glücklicher«.

Ashley, (auch:) Ashleigh ['æʃlɪ]: aus dem Englischen, ursprünglich Orts- und Familienname, altengl. æsc-lēah »Eschenhain«.

Die schönsten finnischen Jungennamen

Aimo • Arvo • Aulis • Heikki • Ilmari • Jari • Jarmo • Joona • Juhani • Kalle • Lauri • Matti • Mikko • Onni • Paavo • Toivo • Veikko

Aslan: türkische Herkunft, Nebenform von ▸ Arslan.
Asmus: Kurzform von ▸ Erasmus.
Athanasius: zu griech. a-thánatos »unsterblich«.
Attila: geht zurück auf den Namen des Hunnenkönigs Attila, wohl zu got. attila »Väterchen«.
August: zu lat. augustus, -a, -um »heilig; ehrwürdig; erhaben«. Lat. Augustus war ehrender Beiname des ersten römischen Kaisers Gaius Octavianus, dem zu Ehren der achte Monat des Kalenderjahres benannt ist: lat. [mēnsis] Augustus.
Augustin, (auch:) Augustinus: Weiterbildung von Augustus (▸ August).
Aulis: zu finn. aulis »freigiebig«.
Aurel, (auch:) Aurelius: lateinischer Ursprung, geht zurück auf einen altrömischen Geschlechternamen vorrömischer Herkunft.
Aurelio: italienische und spanische Form von ▸ Aurel.
Aurelius: ▸ Aurel.
Austin ['ɔstɪn]: englische Form von ▸ Augustin.
Avery ['eɪvrɪ]: ursprünglich ein englischer Familienname, der auf eine mittelalterliche Form von ▸ Alfred zurückgeht.
Axel: aus dem Schwedischen, umgebildete Kurzform des biblischen Namens ▸ Absalom, gelegentlich auch als Koseform von ▸ Alexander aufgefasst.
Aydın: zu türk. aydın »hell, leuchtend«.

Baldeo: nordindische Form von ▸ Baldev.
Balder: ▸ Baldur.
Baldev: aus Indien stammender Vorname (sanskrit. bala »Kraft, Stärke« + sanskrit. deva »Gott«: »Gott der Stärke«). Baladeva (auch Balarama) ist in dem indischen Epos »Maha-

bharata« (5. Jh. v. Chr. bis 4. Jh. n. Chr.) der ältere Bruder Krischnas.

Bạlduin: Nebenform von ▸ Baldwin.

Bạldur, (auch:) Bạlder: Baldr (wohl zu german. *balðram »Kraft«, *balðraz »mutig, wehrhaft«) ist in der nordischen Mythologie der Sohn Odins und Friggas, der Gott des Lichtes und des Frühlings.

Bạldwin, (auch:) Bạlduin: alter deutscher Vorname, zu ahd. bald »kühn« + ahd. wini »Freund«.

Bạlthasar: griechische Form eines akkadischen Namens (Belscharra-usur »Gott [Baal] erhalte den König«).

Barin: zu pers. barīn »hervorragend«.

Bạrnabas: griechisch-lateinische Form eines ursprünglich aramäischen Namens, dessen Bedeutung umstritten ist. In der Apostelgeschichte wird dieser Name als »Sohn des Zuspruchs« (bar nebū'ā) interpretiert, er ist jedoch eher als »Sohn des [Gottes] Nebo« zu deuten.

Bạrne: niederdeutsche Kurzform von Namen, die mit »Barn-«, Nebenform von »Bern-«, gebildet sind (z. B. ▸ Bernhard).

Barney, (auch:) Barny ['bɑ:nɪ]: englische Koseform von ▸ Barnabas.

Barry ['bærɪ]: irische Herkunft, Kurzform von Bearrach, einem mit gäl. bear »Speer« gebildeten Namen, oder von Fionnb(h)arr (gäl. fionn »weiß, hell« + barr »Kopf«). In Schottland kann der Vorname Barry aus einem Familiennamen entstanden sein, der wiederum auf den gleichlautenden schottischen Ortsnamen zurückgeht.

Bạrthold: niederdeutsche Nebenform von ▸ Berthold.

Bartholomäus, (überkonfessionelle Form:) Bartolomäus: zu

Die schönsten schwedischen Jungennamen

Anders • Bengt • Bertil • Birger • Göran • Gösta • Inger • Jonne • Laurens • Mats • Olof • Sixten • Staffan

aram. Bar Tolmai »Sohn des Tolmai«, griech. Bartholomaĩos. Nach der Bibel war Bartholomäus einer der Jünger Jesu.

Baruch: zu hebr. bārūk »der Gesegnete«. Baruch war Gefährte und Schreiber des Propheten Jeremia.

Basil [bæzl]: englische Form von ▸ Basilius.

Basilius, (auch:) Basil: griechischer Ursprung, zu griech. basíleios »königlich«.

Bastian: Kurzform von ▸ Sebastian.

Bastien [bas'tjɛ̃]: französische Kurzform von ▸ Sebastian.

Beatus, (auch:) Beat: zu lat. beātus, -a, -um »glücklich«.

Beda: geht zurück auf Beda [Venerabilis], den Namen des angelsächsischen Kirchenlehrers (7./8. Jh.). Ursprung und Bedeutung dieses Namens sind noch ungeklärt.

Bekir: türkische Form des arabischen Namens Bakr (arab. bakr »junges Kamel«).

Béla, ungar. Aussprache: ['beːlɔ]: aus dem Ungarischen, wurde in Ungarn mit dem deutschen Namen Adalbert gleichgesetzt; Herkunft ungeklärt, vielleicht ungarisch, türkisch oder slawisch.

Ben: englische Kurzform von ▸ Benjamin.

Benaja: aus der Bibel übernommener Vorname hebräischen Ursprungs (»Jahwe hat gebaut/geschaffen«). Nach der Bibel war Benaja Kommandant der Leibgarde König Davids. Er unterstützte die Thronfolge Salomons und wurde von diesem zum Heerführer ernannt.

Bendix, (auch:) Bendik: durch Zusammenziehung entstandene Form von ▸ Benedikt.

Benedetto: italienische Form von ▸ Benedikt.

Benedikt, (auch:) Benedict: zu lat. benedictus »gepriesen, gesegnet«.

Bengt: schwedische Form von ▸ Benedikt.

Benito: spanische Form von ▸ Benedikt.

Benjamin: aus der Bibel, zu hebr. ben-ymyn »Sohn von rechts, d.h. Sohn des Südens«, zunächst Name des Stammes, der »rechts«, d.h. südlich des einflussreichen Stammes Efraim siedelte, dann übertragen auf den Ahnherrn des Stammes; bereits in der Bibel volksetymologisch umgedeutet: Benjamin, der jüngste Sohn Jakobs, wird von seiner Mutter Rahel, die bei der Geburt stirbt, Benoni (»Sohn des Schmerzes«) genannt; Jakob ändert jedoch seinen Namen in Benjamin (»Sohn der rechten Hand, des Glücks«).

Benjy, (auch:) Benji ['bɛndʒɪ]: englische Koseform von ▸ Benjamin.

Bẹnnet, (auch:) Bẹnnett: englische Form von ▸ Benedikt.

Bẹnno: alter deutscher Vorname, verselbstständigte Kurzform von Namen, die mit »Bern-« (german. *ber(a)nu- »Bär«) gebildet sind.

Bẹnny: englische Koseform von ▸ Benjamin.

[1]Bẹnt: dänische Form von ▸ Benedikt.

[2]Bẹnt, (auch:) Bẹnte: friesische Kurzform von Namen, die mit »Bern-« beginnen (▸ Bernhard).

Benvenu̱to: zu italien. benvenuto, -a »willkommen«.

Be̱rend: Kurzform von ▸ Bernhard.

Bẹrengar: romanisierte Form von Bernger (german. *ber(a)nu- »Bär« + ahd. gēr »Speer«).

Bẹrnard, französ. Aussprache: [bɛr'na:r], engl. Aussprache: ['bə:nəd]: französische und englische Form von ▸ Bernhard.

Bernạrdo: italienische und spanische Form von ▸ Bernhard.

Bẹrnd, (auch:) Bẹrndt: Kurzform von ▸ Bernhard.

Bẹrnfried: Anfang des 20. Jh.s aufgekommener Vorname (german. *ber(a)nu- »Bär« + ahd. fridu »Schutz vor Waffengewalt, Friede; Friedenswahrer«).

Bẹrnhard: alter deutscher Vorname, zu german. *ber(a)nu- »Bär« + ahd. harti, herti »hart, kräftig, stark«.

Bẹrno: alter deutscher Vorname, verselbstständigte Kurzform von Namen, die mit »Bern-« (german. *ber(a)nu- »Bär«) gebildet sind.

Bẹrnt: ▸ Bernd.

Die schönsten nordischen Jungennamen

Arvid • *Dag* • *Einar* • *Gunnar* • *Ingvar* • *Ivar* • *Krister* • *Leif* • *Olaf* • *Per* • *Stig* • *Sven* • *Torin*

Bert: Kurzform von Namen, die mit »Bert-« oder »-bert« gebildet sind, z. B. ▸ Berthold, ▸ Albert.

Berthold, (auch:) Barthold; Bertold; Bertolt: alter deutscher Vorname, zu ahd. beraht »glänzend« + ahd. -walt zu waltan »walten, herrschen«.

Berti: Koseform von Namen, die mit »Bert-« oder »-bert« (ahd. beraht »glänzend«) gebildet sind.

Bertil: ursprünglich deutsche, jetzt schwedische Kurzform von Namen, die mit »Bert-« oder »-bert« (ahd. beraht »glänzend«) gebildet sind.

Bertold, (auch:) Bertolt: ▸ Berthold.

Bertram: alter deutscher Vorname, zu ahd. beraht »glänzend« + ahd. hraban »Rabe«, etwa »glänzender Rabe«.

Bertrand, französ. Aussprache: [bɛr'trã], engl. Aussprache: ['bəːtrənd]: alter deutscher Vorname, ahd. beraht »glänzend« + ahd. rant »Schild« oder französische bzw. englische Form von ▸ Bertram.

Bertwin: alter deutscher Vorname (ahd. beraht »glänzend, berühmt« + ahd. wini »Freund«, etwa »berühmter Freund«).

Bilge: türkische Herkunft, Bedeutung »der Weise«.

Bill: englische Kurzform von William (▸ Wilhelm).

Billy: englische Koseform von ▸ Bill.

Birger: nordische (schwedische) Herkunft, wohl zu dem altnordischen Verb bjarga »helfen«, etwa »hilfreich, Helfer«.

Birk: in Deutschland ursprünglich alemannische Kurzform von ▸ Burkhard, seit Beginn des 20. Jh.s auch in Skandinavien vergeben und von dort als nordischer Name erneut nach Deutschland gelangt.

Birko: Erweiterung von ▸ Birk oder männl. Bildung zum weibl. Vornamen Birke.

Bjarne: norwegische Nebenform von ▸ Björn.

Björn: nordische Herkunft, zu norweg. bjørn, schwed. björn »Bär«.

Blasius: aus dem Lateinischen, Bedeutung unbekannt.

Bob: englische Koseform von ▸ Robert.

Bobby: englische Koseform von ▸ Robert.

Bodo, (auch:) Boto; Botho: alter deutscher Vorname, geht zurück auf altsächs. bodo »Gebieter«, später umgedeutet zu ahd. boto »Bote«.

Bọgdan: aus dem Polnischen oder Russischen, bedeutet – wie auch Theodor – eigentlich »Gottesgeschenk«, zu urslaw. *bogъ »Gott« + dan, zu urslaw. *dati »geben«.

Bọhdan: tschechische und slowakische Form von ▸ Bogdan.

Bọnne, (auch:) Bọnno; [1]Bo̲no: friesische Herkunft (zu einem german. Stamm *bun- von unbekannter Bedeutung).

[2]Bọno: italienische Herkunft, geht zurück auf den spätrömischen Beinamen Bonus (lat. bonus »gut«) bzw. auf den gleichbedeutenden mittelalterlichen Wunschnamen Bono.

Bo̲ris: aus dem Russischen oder Bulgarischen, Kurzform von ▸ Borislav.

Bo̲rislav, (auch:) Bo̲rislaw: slawische Herkunft, russ., bulg., serb., kroat. Bọrislav, poln. Borzỵsław (zu urslaw. *borti »kämpfen« + urslaw. *slava »Ruhm, Ehre«).

[1]Bọrja: (vor allem serbische, kroatische, slowenische) Koseform von ▸ Borislav.

[2]Borja [ˈbɔrxa]: spanische Herkunft, verselbstständigter Beiname des heiligen Franz von Borja.

Bọrk: niederdeutsche Kurzform von ▸ Burkhard.

Borromä̲us: latinisierte Form des italienischen Familiennamens Borromeo.

Bọsse, (auch:) Bọsso: niederdeutsche Koseform von ▸ Burkhard.

Bo̲to, (auch:) Bo̲tho: alter deutscher Vorname, Nebenform von ▸ Bodo.

Brad [bræd]: englische Herkunft, Kurzform von ▸ Bradley.

Bradley [ˈbrædlɪ]: englische Herkunft, ursprünglich ein Familienname nach einem Ortsnamen zu altengl. brad »breit« und altengl. lēah »Wald, Lichtung«: »breite Waldlichtung«.

Die schönsten polnischen Jungennamen

Filip • *Henryk* • *Jakub* • *Janek* • *Janusz* • *Jerzy* • *Jurek* • *Karol* • *Marcin* • *Marek* • *Mikolai* • *Tadeusz* • *Tadzio* • *Tomasz*

Brady [breɪdɪ]: geht zurück auf einen englischen Familiennamen nach einem körperlichen Merkmal (»breites Auge«) oder nach dem Wohnsitz (»wohnhaft bei der breiten Insel«) bzw. auf die englische Form des irischen Familiennamens Mac Brádaigh (»Nachkomme des Brádach«).

Brandon [ˈbrændən]: aus dem Englischen, ursprünglich ein Orts- und Familienname, zu altengl. brōm »Ginster« + altengl. dūn »Hügel«: »Ginsterhügel«; zum Teil auch Variante von ▸ Brendan.

Branko: serbische, kroatische oder slowenische Herkunft, Kurzform von Branislav (zu urslaw. *borniti »[be]kämpfen« + urslaw. *slava »Ruhm, Ehre«).

Brendan [ˈbrɛndən]: englische Schreibweise des altirischen Namens Bréanainn (»Prinz«).

Brian, (auch:) Bryan [ˈbraɪən]: aus dem Englischen, irischer oder bretonischer Ursprung, wahrscheinlich zu kelt. *brigonos »hoch, erhaben, edel«.

Brice: englische [braɪs] und französische [bris] Form des Heiligennamens Brictius, bei dem es sich um die Latinisierung eines ursprünglich keltischen Namens handelt, dessen Bedeutung noch umstritten ist.

Broder: friesischer und nordischer Vorname mit der Bedeutung »Bruder«.

Bruce [bru:s]: aus dem Englischen, geht zurück auf den Namen eines schottischen Adelsgeschlechts normannischen Ursprungs, leitet sich ab von einem bisher nicht genau bestimmbaren Ortsnamen in der Normandie.

Brun: alter deutscher Vorname, zu ahd. brūn »braun«. Brun war Beiname des Gottes Odin und verhüllender Name für den Bären.

Bruno: latinisierte Form von ▸ Brun.

Bryan: ▸ Brian.

Bryn [brɪn]: geprägt nach walisisch bryn »Hügel«.

Bülent: zu türk. bülent »hoch«.

Burkhard, (auch:) Burchard; Burghard; Burghardt; Burghart; Burkhart; Burkart: alter deutscher Vorname, ahd. burg »Burg, Zufluchtsstätte, Schutz« + ahd. harti, herti »hart, kräftig, stark«.

Burt [bə:t]: Kurzform des englischen Familien- und Vornamens Burton, der wiederum auf den gleichlautenden Ortsnamen zurückgeht, oder Schreibvariante von engl. Bert, Kurzform von ▸ Albert.

C

Caden ['keɪdən]: in Australien geläufig, ursprünglich ein irischer Familienname, der aus MacCadáin (»Sohn des Cadán«) hervorgegangen ist.

Caesar: ▸ Cäsar.

[1]Caius: ältere lateinische Schreibweise des römischen Vornamens Gaius, dessen Etymologie noch ungeklärt ist.

[2]Caius: männl. Vorn., Latinisierung von ▸ Kai in Anlehnung an ▸ [1]Caius.

Cajetan: ▸ Kajetan.

Callum ['kæləm]: schottisch-gälische Form des Namens des aus Irland stammenden heiligen Columba (zu lat. columba »Taube«; latinisierte Form seines irischen Klosternamens Colum Cille »Taube der Kirche«).

Calvin ['kæl...]: aus dem Englischen, geht zurück auf den Genfer Reformator Johannes Calvin, zu lat. calvus »kahlköpfig«.

Cameron ['kæmərən]: geht zurück auf einen schottischen Familiennamen. So heißt einer der großen Clans in den Highlands, zu gäl. cam shron »gekrümmte Nase«.

Camill: ▸ Camillus.

Camille [ka'mij]: französische Form von ▸ Camillus.

Camillo, (eindeutschend:) Kamillo: italienische Form von ▸ Camillus.

Camillus, (auch:) Kamillus; Camill; Kamill: lateinische Herkunft. Camillus war der Beiname des altrömischen Geschlechts der Furii und wird in Verbindung gebracht mit den camillī, edelgeborenen Knaben, die den Priestern bei den Opfern halfen.

Can [dʒɑn]: zu türk. can »Seele, Leben«.
Candidus, (auch:) Candid: zu lat. candidus, -a, -um »blendend weiß; fleckenlos; heiter; rein, lauter, ehrlich«.
Carel: ▸ Karel.
Carl: Schreibvariante von ▸ Karl.
Carlino: Erweiterung von ▸ Carlo.
Carlo: italienische Form von ▸ Karl.
Carlos: spanische Form von ▸ Karl.
Carmelo: aus dem Spanischen oder Italienischen, männliche Form von Carmela, bezieht sich auf die Virgen del Carmen (die »Jungfrau [Maria] vom Berge Karmel«).
Caro: italienischer Ursprung, kommt zwar in Italien seit dem Spätmittelalter vereinzelt vor, vermutlich jedoch eher Neubildung zu italien. caro, -a »lieb, teuer«.
Carol, (auch:) Karol: geht zurück auf die latinisierte Form von ▸ Karl, Carolus, auch rumänisch und englisch.
Carolus, (auch:) Karolus: latinisierte Form von ▸ Karl.
Carsten: ▸ Karsten.
Cary ['kærɪ]: englische Herkunft, ursprünglich ein Familienname, der wiederum auf den gleichlautenden Ortsnamen (Devon, Somerset) zurückgeht.
Cäsar, (auch:) Caesar; Cesar: lateinische Herkunft, Beiname im Geschlecht der Julier, Bedeutung unbekannt; die bekannteste der vier volksetymologischen Deutungen der Antike stellte ihn zu dem Verb caedere, caesum »schlagen, hauen, [heraus]schneiden«, weil der erste Träger dieses Namens bei der Geburt aus dem Mutterleib herausgeschnitten worden sein soll. Der berühmteste Namensträger war Gaius Julius Cäsar, römischer Feldherr und Staatsmann.
Casimir: ▸ Kasimir.
Caspar, (auch:) Casper: ▸ Kaspar.
Cassian, (auch:) Kassian: aus dem Lateinischen, Weiterbildung von ▸ Cassius.
Cassius: lateinischer Ursprung, geht zurück auf einen altrömischen Geschlechternamen.
Castor: ▸ Kastor.
Cay: ▸ Kai.
Cecil ['sɛsl]: englische Form des altrömischen Geschlechter-

namens Caecilius, der vielleicht etruskischen Ursprungs ist und später volksetymologisch zu lat. caecus, -a, -um »blind« gestellt wurde.

Cẹdric, (auch:) Cẹdrik ['sɛ...]: aus dem Englischen, erfunden von Walter Scott für eine Gestalt seines Romans »Ivanhoe«, vielleicht eine ungenaue Wiedergabe des Namens des angelsächsischen Gründers des Königreichs Wessex, Cerdic.

Cees, (auch:) Kees: niederländische Kurzform von ▸ Cornelius.

Cem [dʒɛm]: türkische Herkunft, Bedeutung »Herrscher, König«.

Cemal [dʒɛ'mal]: türkische Form des arabischen Namens ▸ Djamal.

Cemil [dʒɛ'mil]: türkische Form des arabischen Namens ▸ Djamil.

Cẹsar: ▸ Cäsar.

César [se'zar]: französische Form von ▸ Cäsar.

Cesare ['tʃe:zare]: italienische Form von ▸ Cäsar.

Chaim, (auch:) Haim: zu neuhebr. chayim »Leben«.

Charles, engl. Aussprache: [tʃɑ:lz], französ. Aussprache: [ʃarl]: englische und französische Form von ▸ Karl.

Charlie, (auch:) Charley; Charly [tʃ...]: englische Koseform von Charles (▸ Karl).

Che [tʃe]: geht zurück auf den Spitznamen des aus Argentinien stammenden Politikers und Guerillaführers Ernesto Guevara; im Spanischen kein Vorname, sondern eine Interjektion, mit der man in Argentinien, Bolivien und Uruguay Verwunderung ausdrückt bzw. Personen und Tiere ruft. Guevaras Spitzname zielte vor allem auf seine argentinische Sprechweise ab.

Die schönsten russischen Jungennamen

Aljoscha • *Andrik* • *Arik* • *Demian* • *Dimitri* • *Fedor* • *Grigori* • *Grischa* • *Ilja* • *Kolja* • *Kostja* • *Mitja* • *Pawel* • *Wanja*

Chen [tʃen]: chinesische Herkunft, bedeutet »groß«.

Chester [ˈtʃɛ...]: englische Herkunft, geht zurück auf den gleichlautenden englischen Familiennamen mit der Bedeutung »jemand aus der Stadt Chester«.

Chlodwig: geht zurück auf den Namen des ersten katholischen Frankenkönigs, entspricht ▸ Ludwig.

Chris, (auch:) Kris; Cris: aus dem Englischen, Kurzform von Christopher (▸ Christoph).

Christel, (oberdeutsch auch:) Christl: Koseform von ▸ Christian.

Christen: Nebenform von ▸ Christian.

Christer: ▸ Krister.

Christian, (auch:) Cristian; Kristian: lat. Chrīstiānus »zu Christus gehörend, Anhänger Christi, Christ«.

Christl: ▸ Christel.

Christof: ▸ Christoph.

Christoffer: ältere Form von ▸ Christoph oder Schreibvariante von engl. ▸ Christopher.

Christoph, (auch:) Christof; Kristof: zu griech. Christophóros »Christus tragend«.

Christopher: englische Form von ▸ Christoph.

Christos: aus dem Griechischen, Kurzform von Christóphoros (▸ Christoph).

Ciarán, (auch:) Kieran [ˈkɪərən]: irische Herkunft, ursprünglich ein Beiname, der auf eine Verkleinerungsform von gäl. ciar »schwarz« zurückgeht.

Claas: niederdeutsche und niederländische Kurzform von ▸ Nikolaus.

Clas: ▸ Klas.

Claude [klo:d]: französische Form von ▸ Claudius.

Claudio: italienische und spanische Form von ▸ Claudius.

Claudius, (auch:) Klaudius: geht zurück auf einen römischen Geschlechternamen, Herkunft und Bedeutung unbekannt.

Claus: ▸ Klaus.

Clemens, (auch:) Klemens; Clement: zu lat. clēmēns »mild, gnädig«.

Clint: aus dem Englischen, Kurzform von ▸ Clinton.

Clinton [ˈklɪntən]: englische Herkunft, ursprünglich ein Familienname, der wiederum auf einen Ortsnamen zurückgeht.

Clive [klaɪv]: englische Herkunft, ursprünglich ein Familienname, der sich wiederum von einem Örtlichkeitsnamen zu altengl. clif »Klippe, Felsen, steiler Abhang« ableitet.

Cole [koʊl]: englische Herkunft, ursprünglich ein Familienname, der auf den mittelalterlichen Personennamen Cola (»schwarz wie Kohle«) oder auf den gleichbedeutenden Übernamen (zu altengl. col »Kohle«) zurückgeht. Gelegentlich wird Cole auch als Kurzform von Nicholas (▸ Nikolaus) gebraucht.

Colin, (auch:) Collin: aus dem Englischen, Koseform von Nicholas (▸ Nikolaus).

Conan ['kɔnən]: irische Herkunft, englische Schreibweise des gälischen Namens Cónán, ursprünglich ein Beiname, der auf eine Verkleinerungsform von gäl. cú »Jagdhund« zurückgeht.

Connor ['kɔnə]: englische Form des irischen (gälischen) Namens Conchobhar, dessen Bedeutung umstritten ist.

Conny: Koseform von ▸ Konrad.

Conrad: ▸ Konrad.

Conradin: ▸ Konradin.

Constantin: ▸ Konstantin.

Corbinian: ▸ Korbinian.

Cord, (auch:) Cordt: ▸ Kord.

Corey ['kɔ:rɪ]: ursprünglich ein englischer Familienname, der auf einen altnordischen Personennamen zurückgeführt wird.

Cornel: verkürzte Form von ▸ Cornelius.

Cornelio: italienische und spanische Form von ▸ Cornelius.

Die schönsten türkischen Jungennamen

Adem • Arif • Can • Cem • Davut • Ferit • Halil • Halit • Kerim • Melek • Metin • Selim • Sinan • Turan • Yunus

Cornelis: Nebenform von ▸ Cornelius, auch niederländisch.

Cornelius, (auch:) Cornel; Cornell; Kornel; Kornelius: lateinischer Ursprung, geht zurück auf einen altrömischen Geschlechternamen.

Cornell: verkürzte Form von ▸ Cornelius, auch englisch [kɔːˈnɛl].

Corvin: verkürzte Form des römischen Beinamens Corvinus (zu lat. corvus »Rabe«).

Cosimo, (auch:) Cosmo: italienische Form von ▸ Kosmas. Der Name war traditionell in der Familie der Medici (Cosimo I., Großherzog der Toskana, Förderer der Künste, 16. Jh.).

Cosmas: latinisierende Schreibung von ▸ Kosmas.

Cosmo: ▸ Cosimo.

Craig [kreɪg]: geht zurück auf einen schottischen Familiennamen (gäl. creag »Felsenspitze, Klippe«).

Crispin, (auch:) Crispinus: lateinischen Ursprungs, Erweiterung des römischen Namens Crispus (zu lat. crispus »kraushaarig«).

Cristian: ▸ Christian.

Curd, (auch:) Curt: ▸ Kurt.

Curtis [ˈkəːtɪs]: englische Herkunft, ursprünglich ein Familienname, der auf altfranzös. curteis »höfisch, zum Hof gehörig« zurückgeht.

Cyrillus, (auch:) Cyrill; Kyrill: zu griech. kýrios »Herr [Gott]«.

Cyrus, engl. Aussprache: [ˈsaɪərəs]: persischer Herkunft, dessen Bedeutung unklar ist. Die latinisierte Form Cyrus geht auf Kyros, die griechische Form von altpers. Kuruš, zurück. Kyros war der Name des persischen Königs und Gründers des altpersischen Weltreichs (6. Jh. v. Chr.). In England war der Name besonders in puritanischen Familien beliebt.

D

Daan: niederländische Kurzform von ▸ Daniel.

Dag: verselbstständigte, nordische Kurzform von Namen, die mit »Dag-« (german. *daga- »Tag, helle Zeit«) gebildet sind.

Dagobert: wahrscheinlich keltisch-[gallisch-]germanischer Mischname zu kelt. daga »gut, sehr« + ahd. beraht »glänzend, berühmt«, also »der sehr Berühmte«. Dagobert war im 7. Jh. merowingischer Königsname. Der Name kam im Mittelalter außer Gebrauch und wurde erst im 19. Jh. neu belebt.

Dale [deɪl]: aus dem Englischen, ursprünglich ein Familienname, der einen Talbewohner bezeichnete, zu engl. dale »Tal«.

Damian: zu griech. damázein »bezwingen«.

Damiano: italienische Form von ▸ Damian.

Damien [daˈmjɛ̃]: französische Form von ▸ Damian.

[1]**Dan:** aus der Bibel, hebräischer Ursprung, Bedeutung »Er [Gott] hat gerichtet«. Nach dem Alten Testament war Dan, ein Sohn Jakobs, der Ahnherr einer der zwölf Stämme Israels.

[2]**Dan** [dæn]: englische Kurzform von ▸ Daniel.

[3]**Dan:** zu altnord. Danr »Däne«.

Danesch: persische Herkunft, bedeutet »Wissen«.

Daniel: aus der Bibel, Herkunft unsicher, zu hebr. din'ēl »Gott richtet« oder akkad. danānu-ēl »Gott ist mächtig«.

Daniele: italienische Form von ▸ Daniel.

Danilo: serbische, kroatische, bulgarische, makedonische Form von ▸ Daniel.

Dankmar, (auch:) Tankmar; Thankmar: alter deutscher Vorname, zu ahd. thank »Denken; Gedanke; Erinnerung; Dank« + māri »bekannt, berühmt, angesehen«.

Danko: Koseform von Namen, die mit »Dank-« beginnen, auch serbische, kroatische Koseform von ▸ Bogdan.

…æ…]: englische Koseform von ▸ Daniel.

Dano: bulgarische Koseform von ▸ Daniel, ▸ Bogdan, ▸ Jordan.

Dante: italienische Herkunft, alte Kurzform von dem spätlateinischen mittelalterlichen Wunschnamen Durante (zu lat. dūrāns, Partizip Präsens von dūrāre »ausdauern, aushalten«, auch im christlichen Sinn: »ausdauernd im Glauben«).

Dany: Koseform von ▸ Daniel.

Darian: aus dem Serbischen, Kroatischen und Slowenischen, Ableitung von Božidar (urslaw. *boži »göttlich« + dar, zu urslaw. *dati »geben«).

Dario: italienische Form von ▸ Darius.

Darius: persischer Ursprung, geht zurück auf den Thronnamen dreier Perserkönige, vor allem Darius' I., des Großen. Altpersisch Dāraya-vauš »das Gute festhaltend, Inhaber des Guten« ergibt griech. Dareĩos, lat. Dārīus.

Darrell [ˈdærəl]: aus dem Englischen, ursprünglich ein normannischer Adelsname (de Arel, Darel), der die Herkunft aus Airelle (Calvados) bezeichnete.

Darryl: englische Herkunft, wohl eine Variante von ▸ Darrell.

Darwin [ˈdɑːwɪn]: in Deutschland seit Ende des 19. Jh.s vereinzelt vorkommend, ursprünglich ein englischer Familienname, der auf den altenglischen Rufnamen Dēorwine (altengl. dēor »lieb« + wine »Freund«) zurückgeht.

Dave [deɪv]: aus dem Englischen, Koseform von ▸ David.

David: aus der Bibel, vermutlich hebräischer Ursprung, Bedeutung wahrscheinlich »Liebling«, vielleicht aber auch »Vatersbruder« oder aber ein Thronname.

Davide: italienische Form von ▸ David.

Davis [ˈdeɪvɪs]: ursprünglich ein aus ▸ David entstandener englischer Familienname.

Davut: türkische Form von ▸ David (über arabisch Dā'ūd).

Dayaram: aus Indien stammender Vorname (sanskrit. dayā »Mitleid« + Rām[a]: »wie Rama mitleidig«).

Dean [diːn]: aus dem Englischen, hervorgegangen aus einem Familiennamen, zu mittelengl. deen aus lat. decānus »Vorsteher eines Kathedralkapitels« oder altengl. denu »Tal«.

Degenhard, (auch:) Deinhard; Denhart: alter deutscher Vorname (ahd. thegan, degan »[junger] Held, Krieger« + ahd. harti, herti »hart, kräftig, stark«).

De̲jan: slowenische, kroatische, serbische Herkunft, geht zurück auf die südslawische Wurzel děj- »Handlung«.

De̲mian: nach der russischen und ukrainischen Form Dem'jan von ▸ Damian.

De̲nhart: jüngere Form von ▸ Degenhard.

Denis [də'nɪ]: französische Form von ▸ Dionys[ius].

Deniz [dɛ'niz]: zu türk. deniz »Meer«.

Dẹnnis: aus dem Englischen, geht zurück auf ▸ Dionys[ius].

Dẹnny: englische Koseform von ▸ Dennis.

Denys: französische Herkunft, ältere Form von ▸ Denis.

De̲rek: niederdeutsche, durch Zusammenziehung entstandene Kurzform von ▸ Dietrich, möglicherweise bei Wiederaufnahme in den 1960er-Jahren auch Entlehnung des gleichbedeutenden englischen Vornamens Derek.

De̲rik, (auch:) Dẹrk: Variante von niederdt. ▸ Derek.

Dẹrrick: Variante von ▸ Derek.

Deside̲rius: zu lat. dēsīderium »Sehnsucht, Wunsch«.

De̲tlef, (auch:) De̲tlef; Dẹtlev; De̲tlev: niederdeutscher Vorname, zu altsächs. thiad »Volk« + altsächs. leva »Erbe, Nachlass, Sohn, Tochter«.

De̲tmar, (auch:) De̲tmer; Dẹttmar: niederdeutsche Form von ▸ Dietmar.

[1]**Devin** ['devɪn]: in den USA geläufig, ursprünglich ein Familienname, dem ein Übername für einen vortrefflichen Menschen (zu mittelengl. devin »göttlich, himmlisch«) zugrunde liegt. Der irische Familienname Devin ist gälischen Ursprungs und geht auf Ó Daimhín (zu gäl. damh »Ochse«) oder Ó Duibhín (zu gäl. dubh »schwarz«) zurück.

Die schönsten arabischen Jungennamen

Asad • *Farid* • *Faruk* • *Harun* • *Ilyas* • *Ismail* • *Karim* • *Latif* • *Malik* • *Munir* • *Murad* • *Musa* • *Rafik* • *Rahim* • *Said* • *Tarek*

[2]Devin: türkische Herkunft (»Anstrengung, Bemühung, Eifer«).
Dian: wohl verkürzte Form von ▸ Gordian.
Dick: englische Koseform von ▸ Richard.
Didi: Koseform von ▸ Dietrich und ▸ Dieter.
Didier [di'dje]: französische Form von ▸ Desiderius.
Diederik: Nebenform von ▸ Dietrich.
Diedrich: Nebenform von ▸ Dietrich.
Diego: spanische Herkunft. Die verbreitete Auffassung, span. Diego habe sich aus Sant Jago (= Jakob) durch falsche Abtrennung des »t« entwickelt, ist unzutreffend. Die heutige Namensform ist aus dem vorrömischen, im mittelalterlichen Spanien bezeugten Personennamen Didacus hervorgegangen und hat sich über Diago zu Diego entwickelt.
Dierk: niederdeutsch-friesische Kurzform von ▸ Dietrich.
Dieter, (auch:) Diether: alter deutscher Vorname, zu ahd. thiot »Volk« + ahd. heri »Heer; Heerführer, Krieger«, in neuerer Zeit auch als Kurzform von ▸ Dietrich gebraucht.
Dietger: alter deutscher Vorname (ahd. thiot »Volk« + ahd. gēr »Speer«).
Diether: ▸ Dieter.
Dietmar, (auch:) Detmar; Detmer; Dettmar; Dittmar: alter deutscher Vorname, zu ahd. thiot »Volk« + ahd. māri »bekannt, berühmt, angesehen«.
Dietram: alter deutscher Vorname (ahd. thiot »Volk« + ahd. hraban »Rabe«).
Dietrich: alter deutscher Vorname, zu ahd. thiot »Volk« + ahd. rīhhi »Herrschaft, Herrscher, Macht; reich, mächtig, hoch«, also »im Volk mächtig«.
Dietz: Koseform von ▸ Dietrich.
Dimitri, (auch:) Dmitri; Dimitrij: russische Form von Demetrius (griech. Dēmḗtrios »der Fruchtbarkeitsgöttin Demeter zugehörig«).
Dimítrios: neugriechische Form von altgriech. Dēmḗtrios (▸ Dimitri).
Dimo: Kurzform von Namen, die mit »Diet-« gebildet sind, besonders von ▸ Dietmar.
Dinesch, (auch:) Dinesh: indischer Herkunft (zu sanskrit. dina

»Tag« + sanskrit. īśa »Herr«: »Herr des Tages«, das heißt: »Sonne«).

Dino: italienische Kurzform von Namen, die auf »-dino« ausgehen (z. B. Bernardino, Corradino).

Dion: Kurzform von ▸ Dionys(ius).

Dionys: ▸ Dionysius.

Dionysius, (auch:) Dionys: zu griech. Dionýsios »der dem Gott Dionysos Geweihte«.

Dirk: niederdeutsche, durch Zusammenziehung entstandene Kurzform von ▸ Dietrich.

Dirko: Erweiterung von ▸ Dirk.

Dittmar: Nebenform von ▸ Dietmar.

Djamal [dʒaˈmaːl]: zu arab. djamāl »Schönheit«.

Djamil [dʒaˈmiːl]: zu arab. djamīl »schön, hübsch«.

Dmitri: Nebenform von ▸ Dimitri.

Dobo: aus Kenia und Tansania, bedeutet auf Suaheli »klein«.

Dolf: Kurzform von Namen, die auf »-dolf« ausgehen, besonders von ▸ Rudolf, ▸ Adolf.

Domenic: gekürzt aus ▸ Domenico.

Domenico: italienische Form von ▸ Dominikus.

Domenik: deutsche Schreibweise für ▸ Domenic.

Domingo: spanische Form von ▸ Dominikus.

Dominic: verkürzt aus ▸ Dominicus, auch englisch.

Dominicus: ▸ Dominikus.

Dominik: verkürzt aus ▸ Dominikus.

Dominikus, (auch:) Dominicus; Dominik: zu lat. dominicus »zum Herrn gehörend«.

Dominique: französische Form von ▸ Dominikus.

Don: aus dem Englischen, Kurzform von ▸ Donald.

Die schönsten (alt)griechischen Jungennamen

Dimítrios • Jánnis • Jórgos • Kóstas • Leander • Leonid • Lysander • Manólis • Míkis • Níkos • Pávlos • Timon • Vasílios

Dọnald: aus dem Englischen, zu kelt. *dubno »Welt« + *walos »mächtig«.

Dona̱t, (auch:) Dọnat; Dona̱tus: zu lat. dōnāre »schenken«, Bedeutung »der [Gott oder von Gott] Geschenkte«.

Dona̱to: italienische Form von ▸ Donat.

Dona̱tus: ▸ Donat.

Donovan [ˈdɔnəvən]: geht zurück auf den irischen Familiennamen Ó Donndubháin (»Nachkomme des Donndubhán«). Dieser Name setzt sich aus den gälischen Bestandteilen donn »braun« + dubh »schwarz, dunkel« + -an (Koseendung) zusammen.

Dori̱: zu neuhebr. dori »meine Generation«.

Dorian [ˈdɔːrɪən]: aus dem Englischen, vermutlich von Oscar Wilde für die Hauptperson seines Romans »Das Bildnis des Dorian Gray« geschaffen, vielleicht Ableitung von engl. the Dorian »der Dorier«.

Drie̱s, (auch:) Dree̱s: niederdeutsche Kurzform von ▸ Andreas.

Dụrs: Herkunft und Bedeutung nicht sicher geklärt, vielleicht abzuleiten von ahd. thurs, turs »Dämon, Riese« ; im alemannischen Raum Südwestdeutschlands und in der Schweiz auch als Zusammenziehung von Sankt Urs (mit falscher Abtrennung des -t, das zu D- wird) belegt (▸ Urs).

Dustin [ˈdʌ...]: aus dem Englischen, geht zurück auf einen Familiennamen unklarer Herkunft.

Dylan [ˈdɪlən]: aus dem Englischen, ungeklärte Herkunft, Name eines legendarischen walisischen Helden.

E

Ẹbbo, (auch:) E̱bo: verselbstständigte Kurzform von Namen, die mit »Eber-« (ahd. ebur »Eber«) gebildet sind (z. B. von ▸ Eberhard).

E̱berhard, (auch:) E̱berhardt; E̱berhart: alter deutscher Vorname, ahd. ebur »Eber« + ahd. harti, herti »hart, kräftig, stark«, etwa »stark, kräftig wie ein Eber«.

Ebo: ▸ Ebbo.

Ẹckard, (auch:) Ẹckardt; Ẹckart: Nebenform von ▸ Eckehard.

Ẹckbert, (auch:) Ẹckbrecht; Ẹgbert: alter deutscher Vorname, zu ahd. ekka »[Schwert]schneide, Spitze« + ahd. beraht »glänzend«.

Ẹckehard, (auch:) Ẹckehart; Ẹkkehard; Ẹckhard; Ẹckhart; Ẹckard; Ẹckardt; Ẹckart; Ẹggert: alter deutscher Vorname, zu ahd. ekka »[Schwert]schneide, Spitze« + ahd. harti, herti »hart, kräftig, stark«.

Ẹd: englische Kurzform von Edward (▸ Eduard).

Ẹddi: Koseform von ▸ Eduard.

Ẹddy, (auch:) Ẹddie: engl. Koseform von Edward (▸ Eduard).

Ede: niederdeutsch-friesische Kurzform von Namen, die mit »Ed-« beginnen.

Edelbert: Nebenform von ▸ Adalbert.

Edelhard: Nebenform von ▸ Adelhard.

Eden: aus der Bibel, nach dem Namen des Paradieses (hebr. gan ’ēden »der Garten Eden«).

Ẹdgar: zu altengl. ēad »Erbgut, Besitz« + altengl. gār »Speer«.

Edi: Koseform von Namen, die mit »Ed-« beginnen (z. B. ▸ Eduard).

Edlef: niederdeutsch-friesischer Vorname (altfries. ath- »Gut« + altsächs. leva »Erbe, Nachlass, Sohn, Tochter«).

Edmond [ɛdˈmɔ̃]: französische Form von ▸ Edmund.

Ẹdmund: zu altengl. ēad »Erbgut, Besitz« + altengl. mund »Schutz, Schützer«.

Edo, (auch:) Ẹddo: niederdeutsch-friesische Kurzform von Namen, die mit »Ed-« beginnen.

Die schönsten indischen Jungennamen

Anish • Arjuna • Baldeo • Dinesch • Harinder • Jay • Kailash • Kiran • Krischna • Kumar • Mani • Mohan • Rajan • Samudra • Suresch • Vikram

Édouard [e'dwa:r]: französische Form von ▸ Edward.

Eduard: aus dem Französischen übernommen, englischer Ursprung, ▸ Edward.

Edvard: schwedische und norwegische Form von ▸ Edward.

Edward ['ɛdwəd]: zu altengl. ēad »Erbgut, Besitz« + altengl. weard »Hüter«.

Edwin: zu altengl. ēad »Erbgut, Besitz« + altengl. wine »Freund«.

Efraim: ▸ Ephraim.

Egbert: Nebenform von ▸ Eckbert.

Egid, (auch:) Egidius: ▸ Ägid.

Eginhard: alter deutscher Vorname, zu german. *agi- »Schrecken«, später überlagert von ahd. ekka »[Schwert]schneide, Spitze« + ahd. harti, herti »hart, kräftig, stark«.

Egino: alter deutscher Vorname, verselbstständigte Kurzform von Namen, die mit »Egin-« gebildet sind (z. B. ▸ Eginhard).

Egmont: niederdeutsche und niederländische Form von ▸ Egmund.

Egmund: jüngere Form von Agimund (zu german. *agi- »Schrecken«, später überlagert von ahd. ekka »[Schwert]schneide, Spitze« + ahd. munt »Schutz, Schützer«.

Egon: Nebenform von ▸ Egino.

Ehlert: Nebenform von ▸ Adelhard oder Eilhart.

Ehrhard: ▸ Erhard.

Eike, (auch:) Eiko; Aik; Aike; Aiko; Eyck; Eyk; Eycke; Eyke; Eyko: niederdeutsche Kurzform von Namen, die mit »Ecke-« oder »Eg-« gebildet sind (z. B. ▸ Eckehard).

Eilrich: alter deutscher Vorname, jüngere Form von Agilrich (german. *agi- »Furcht, Schrecken« + ahd. rīhhi »Herrschaft, Herrscher, Macht; reich, mächtig, hoch«).

Einar: zu altnord. Einarr aus german. *aina »ein, allein« + urnordisch harjaR, altnord. herr »Heer; Heerführer, Krieger«, etwa »der allein kämpft«.

Einhard, (auch:) Einhart: zu ahd. ein »ein, einzig; allein« + ahd. harti, herti »hart, kräftig, stark«.

Eino ['eino]: in Finnland geläufig, Kurzform von Enevald (germ. *aina »ein, allein« + altnord. valdr »Herrscher«; »Alleinherrscher«).

Eirik: norwegische Form von ▸ Erik.
Ekkehard, (auch:) Ekkehardt; Ekkehart: ▸ Eckehard.
Eli: aus der Bibel, zu hebr. ʻēlī, Kurzform eines Namens, dessen Bedeutung unsicher ist, vielleicht »Oberer«.
Elia: Nebenform von ▸ Elias, auch italienisch.
Elian: aus dem Französischen, geht zurück auf den Beinamen Aelianus, eine Ableitung des römischen Geschlechternamens Aelius.
Eliano: italienische Form von ▸ Elian.
Elias, (überkonfessionelle Form:) Elija: aus der Bibel, zu hebr. ʼēlīyāh »[mein] Gott ist Jahwe«. Nach der Bibel war Elias ein großer Prophet, der – von eindrucksvollen Wundern bestätigt – gegen den Baalskult kämpfte.
Elieser, (auch:) Eliezer: aus der Bibel, zu hebr. ʼēlīʼezer »mein Gott ist Hilfe«.
Eligius: zu lat. ēligere »auswählen, erwählen«.
Elija: ▸ Elias.
Elijah [ɪˈlaɪdʒə]: englische Form von ▸ Elias.
Elimar: Nebenform von ▸ Elmar.
Elio: italienische oder spanische Form des römischen Geschlechternamens Aelius.
Eliot, (auch:) Elliot: aus dem Englischen, ursprünglich ein Familienname, der wiederum auf eine altfranzösische Koseform von ▸ Elias zurückgeht.
Elis: schwedische Form von ▸ Elias.
Elischa: aus der Bibel, vielleicht ursprünglich zu hebr. ʼēlyašaʻ »Gott hat geholfen«.
Eljakim: aus der Bibel, zu hebr. ʼēlyāqīm »Gott wird aufrichten«.

Die schönsten Jungennamen auf -ian

Adrian • Cassian • Damian • Darian • Dorian • Elian • Fabian • Florian • Julian • Kassian • Kilian • Luzian • Marian • Maximilian • Sebastian • Silvian

…o: niederdeutsch-friesische Koseform von Namen, die mit »Adel-« (ahd. adal »edel, vornehm; Abstammung, [edles] Geschlecht«) oder mit »Agil-«, »Egil-« (zu german. *agi- »Schrecken«, später überlagert von ahd. ekka »[Schwert]schneide, Spitze«) gebildet sind.

Ẹllis: aus dem Englischen, nach dem gleichlautenden Familiennamen, der wiederum auf eine im Mittelalter geläufige Form von ▸ Elias zurückgeht.

Ẹlmar, (auch:) Ẹlmer; Elimar: jüngere Form von Adalmar (ahd. adal »edel, vornehm; Abstammung, [edles] Geschlecht« + ahd. māri »bekannt, berühmt, angesehen«).

[1]**Ẹlmo:** Kurzform von ▸ Elmar.

[2]**Ẹlmo:** italienische Kurzform von ▸ Erasmus.

Ẹlrich, (auch:) Ẹlrik: jüngere Form von Adalrich (ahd. adal »edel, vornehm; Abstammung, [edles] Geschlecht« + ahd. rīhhi »Herrschaft, Herrscher, Macht; reich, mächtig, hoch«).

Ẹlso: friesische Koseform von Namen, die mit »El-« (zu ahd. adal »edel, vornehm; Abstammung, [edles] Geschlecht«) beginnen, oder männliche Bildung zu Elsa, einer Kurzform von Elisabeth: aus der Bibel, griech. Form des hebr. Namens Elischeba, Bedeutung »Gott ist Fülle, Vollkommenheit«.

Ẹltjo: friesische Koseform von Namen, die mit »El-« (zu ahd. adal »edel, vornehm; Abstammung, [edles] Geschlecht«) beginnen.

Elton [ˈɛltən]: englische Herkunft, ursprünglich ein Familienname nach dem gleichlautenden Ortsnamen.

Elvin: englische Herkunft, ▸ [1]Alvin.

Ẹlvis: angloamerikanischer Ursprung, Herkunft und Bedeutung unklar.

Emanuel: Nebenform von ▸ Immanuel, auch schwedisch.

Ẹmerich: ▸ Emmerich.

Ẹmil: aus dem Französischen, geht zurück auf lat. Aemilius, einen altrömischen Geschlechternamen.

Emilian: geht auf Aemilianus, eine Ableitung des römischen Geschlechternamens Aemilius (▸ Emil), zurück.

Emilio: italienische und spanische Form von ▸ Emil.

Emịn: türkische Form von ▸ Amin.

Emịr: türkische Herkunft (türk. emir »Befehlshaber, Prinz, Fürst« < gleichbedeutend arab. amīr).

Ẹmko: verselbstständigte Koseform von Namen, die mit »Em-« beginnen, z. B. ▸ Emmerich.

Emmanuel: Nebenform von ▸ Emanuel, auch französisch.

Ẹmmerich, (auch:) Ẹmerich: alter deutscher Vorname, Nebenform von Amalrich/Emelrich, dessen erster Bestandteil kennzeichnend für die Namen des ostgotischen Königsgeschlechts der Amaler oder Amelungen ist (vgl. got. *amals »tüchtig, tapfer«), von ▸ Heinrich oder von Ermenrich (german. *ermana, *irmina »allumfassend, groß«, später Namenglied mit verstärkender Bedeutung + ahd. rīhhi »Herrschaft, Herrscher, Macht; reich, mächtig, hoch«).

Ẹmmo: verselbstständigte Kurzform von Namen, die mit »Em-« oder »Erm-« beginnen (▸ Emmerich, ▸ Ermin).

Ẹndres: Nebenform von ▸ Andreas.

Ẹndrik: Variante von ▸ Hendrik.

Ẹngelbert: alter deutscher Vorname; der erste Bestandteil, ursprünglich der Stammesname der Angeln, wurde seit der Christianisierung der Germanen zunehmend als »Engel« aus griech./lat. angelus verstanden; der zweite Bestandteil ist ahd. beraht »glänzend«. Der Name konnte somit als »glänzend wie ein Engel« gedeutet werden.

Ẹnnio: italienische Form des römischen Geschlechternamens Ennius.

Ẹnno: verselbstständigte niederdeutsch-friesische Kurzform von Namen, die mit »Egin-« (▸ Eginhard), »Ein-« (▸ Einhard) oder »Arn-« (▸ Anno) gebildet sind.

Die schönsten Jungennamen auf -ius

Caius • Cassius • Claudius • Cornelius • Darius • Fabius • Julius • Laurentius • Livius • Lucius • Marius • Mauritius • Silvius • Tiberius • Valerius

Enric: südfranzösische [ãˈrik] und katalanische [ənˈrik] Form von ▸ Heinrich.

Enrico, (deutsch auch:) Enriko: italienische Form von ▸ Heinrich.

Enrique [enˈrike]: spanische Form von ▸ Heinrich.

Enzo, (auch:) Enzio: italienische Form von Heinz (▸ Heinrich).

Ephraim, (auch:) Efraim: aus der Bibel, hebr. ʼeprayim, wahrscheinlich zu hebr. ʼeper »Gebiet« + Lokalformativ -ayim; ursprünglich wohl Landschaftsname, der einen der zwölf Stämme Israels bezeichnete, dann übertragen auf den Ahnherrn dieses Stammes, den zweiten Sohn des Patriarchen Josef.

Eppo: ▸ Ebbo.

Erardo: italienische und spanische Form von ▸ Erhard.

Erasmus: zu griech. erásmios »liebenswürdig, begehrenswert«.

Erdoğan [ɛrdɔːˈɑn]: zu türk. erdoğan »männlicher Falke«.

Erdwin: alter deutscher Vorname (ahd. erda »Erde« + ahd. wini »Freund«).

Erhard, (auch:) Ehrhard; Erhart: alter deutscher Vorname, zu ahd. ēra »Ehre, Ansehen« + ahd. harti, herti »hart, kräftig, stark«.

Eric: englische Form von ▸ Erik.

Éric, (auch:) Érik: französische Form von ▸ Erik.

Erich: hochdeutsche Form des nordischen und niederdeutsch-friesischen Vornamens ▸ Erik.

Erik: dänische/schwedische Herkunft, zu altnord. Eiríkr aus german. *aina »ein, allein« + altnord. ríkr »mächtig; Herrscher« oder niederdeutsch-friesische Herkunft, zu altsächs. ēra »Ehre« oder altsächs. ēwa »Gesetz« + altsächs. rīki »mächtig; Herrscher«.

Erkan: zu türk. er »Mann« + türk. kan »Blut«.

Erland: alter deutscher Vorname; die Herkunft des ersten Namenbestandteils ist umstritten (zu ahd. ēra »Ehre, Ansehen«, zu ahd. heri »Kriegsschar, Heer« oder zu altsächs. erl »edler, vornehmer, freier Mann«), dem zweiten Namenglied liegt ahd. lant »Land« zugrunde. Der Name kommt seit dem Mittelalter auch in Skandinavien vor.

Ẹrmin: verselbstständigte Kurzform von Namen, die mit »Ermen-« (german. *ermana, *irmina »allumfassend, groß«, später Namenglied mit verstärkender Bedeutung) gebildet wurden.

Ernest [ˈəːnɪst]: englische Form von ▸ Ernst.

Ernẹsto: italienische und spanische Form von ▸ Ernst.

Ẹrno: Kurzform von ▸ Ernst oder von Namen, die mit »Ern-«, »Arn-« (ahd. arn »Adler«) gebildet wurden.

Ẹrnst: alter deutscher Vorname, zu ahd. ernust »Ernst, Eifer; Kampf, Sorge«.

Erọl: zu türk. erol »sei ein Mann!«.

E̲ros: Name des Gottes der Liebe in der altgriechischen Mythologie. Mit seinen Pfeilen brachte er Liebe, aber auch Unruhe und Unglück zu Göttern und Menschen.

Ẹrrol, (auch:) Ẹrroll: geht zurück auf einen schottischen Familiennamen, dem wiederum ein Ortsname zugrunde liegt.

Ẹrwin, (auch:) Ẹrwein: alter deutscher Vorname, Herkunft unsicher, zu ahd. heri »Kriegsschar, Heer« oder altsächs. evur »Eber« + ahd./altsächs. wini »Freund«.

Ẹsra, (älter auch:) Ẹzra: aus der Bibel übernommen, zu aram. ʿezrāʾ »Hilfe« oder Kurzform des hebr. Namens Asarja »Jahwe hat geholfen«. Nach der Bibel war Esra ein Schriftgelehrter, der als Bevollmächtigter des persischen Königs Artaxerxes nach Jerusalem ging und dem Gesetz Moses wieder seine ursprüngliche Geltung verschaffte.

Estẹban: spanische Form von ▸ Stephan.

E̲than, (überkonfessionelle Form:) E̲tan: aus der Bibel, zu hebr. ʾētān »der Langlebige«.

Étienne [eˈtjɛn]: französische Form von ▸ Stephan.

Die schönsten Jungennamen auf -as/-ias

Aeneas • *Andreas* • *Cosmas* • *Elias* • *Jeremias* • *Jonas* • *Josias* • *Kóstas* • *Lukas* • *Matthias* • *Nicklas* • *Nikias* • *Silas* • *Thomas* • *Tobias*

Eugen, (auch:) Eugen: aus lat. Eugenius zu griech. eugenḗs »wohlgeboren, von edler Abkunft, edel«.

Eugene [ˈjuːdʒiːn]: englische Form von ▸ Eugen.

Eugène [øˈʒɛn]: französische Form von ▸ Eugen.

Eugenio, italien. Aussprache: [eu̯ˈdʒɛːni̯o], span. Aussprache: [eu̯ˈxeni̯o]: italienische und spanische Form von ▸ Eugen.

Evan [ˈɛvən]: englische Schreibweise von Iefan, einer walisischen Form von ▸ Johannes.

Ewald: alter deutscher Vorname, zu ahd. ēwa »Gesetz, Ordnung« + ahd. -walt zu waltan »walten, herrschen«.

Eward: alter deutscher Vorname (ahd. ēwa »Gesetz, Recht, Ordnung« + ahd. wart »Hüter, Schützer«; etwa »Schützer des Gesetzes«).

Eyck, (auch:) Eyk; Eycke; Eyke; Eyko: Nebenform von ▸ Eike.

Ezra: ältere Form von ▸ Esra, auch englisch.

F

Fabian: lateinischer Ursprung, geht zurück auf einen mit der Endung »-ānus« zu dem römischen Geschlechternamen ▸ Fabius gebildeten Beinamen.

Fabien [faˈbjɛ̃]: französische Form von ▸ Fabian.

Fabio: italienische und spanische Form von ▸ Fabius.

Fabius: lateinischer Ursprung, geht zurück auf einen altrömischen Geschlechternamen, vielleicht zu lat. *fabis »edel«.

Fabrice [faˈbris]: französische Form von Fabricius (▸ Fabrizio).

Fabrizio: aus dem Italienischen, geht zurück auf den altrömischen Geschlechternamen Fabricius.

Faiz [faːˈiz]: arabischer Ursprung (arab. fāiz »Sieger« zu arab. fāza »erringen, siegen«).

Falkmar: Neubildung aus Falk (▸ Falko) und dem alten Namen-

bestandteil »-mar« (ahd. māri »bekannt, berühmt, ...
hen«).

Falko, (auch:) Falk; Falco: alter deutscher Vorname, eher zum Stammesnamen der Falhen (Ostfalen, Westfalen) als zu ahd. falko »der Falke«.

Farid: zu arab. farīd »einzigartig, unvergleichlich« zu arab. farada »einzigartig/einmalig sein«.

Faruk: zu arab. farūq »der fähig ist, zwischen Recht und Unrecht, Wahrheit und Lüge zu unterscheiden«.

Faust: ▸ Faustus.

Faustin: geht zuück auf lat. Faustinus, eine Ableitung von ▸ Faustus.

Fausto: italienische und spanische Form von ▸ Faustus.

Faustus, (auch:) Faust: lateinischer Ursprung, geht zurück auf einen römischen Beinamen, lat. faustus »günstig, beglückend, Glück bringend«.

Federico: italienische und spanische Form von ▸ Friedrich.

Fedor, (auch:) Feodor: aus dem Russischen, transliterierte (buchstabengetreue) Form von russ. ▸ Fjodor.

Feike, (auch:) Feiko: friesische Lall- und Koseform von Namen, die mit »Fried-« gebildet sind.

Felician: ▸ Felizian.

Felipe: spanische Form von ▸ Philipp.

Felix: zu lat. fēlīx »fruchtbar; glücklich; Glück bringend«, ursprünglich ein römischer Beiname, der als Wunschname aufgefasst werden kann.

Felizian, (auch:) Felician: lateinischer Ursprung, Weiterbildung von ▸ Felix.

Feodor: ▸ Fedor, ▸ Fjodor.

Ferdi: Kurzform von ▸ Ferdinand.

Die schönsten Jungennamen auf -i

Ali • Dimitri • Dori • Gennadi • Giovanni • Grigori • Heikki • Jordi • Levi • Luigi • Mani • Matti • Sami • Takumi • Wassili

Ferdinand: aus dem Spanischen, germanischer Ursprung, span. Fernando zu got. *frith »Schutz vor Waffengewalt, Friede« + got. *nanth »Kühnheit«, gelangte mit den Westgoten nach Spanien.

Ferdinando: italienische Form von ▸ Ferdinand.

Ferenc ['fɛrɛnts]: ungarische Form von ▸ Franz.

Ferit: türkische Form von ▸ Farid.

Fernando: spanische Form von ▸ Ferdinand, auch in Italien geläufig.

Fidel: ▸ Fidelis.

Fidelio: spanische und italienische Form von ▸ Fidelius.

Fidelis, (auch:) Fidel: geht zurück auf einen spätrömischen Personennamen zu lat. fidēlis »treu, zuverlässig; rechtgläubig; Christ«.

Fidelius: Weiterbildung von ▸ Fidelis.

Fiete: niederdeutsche Kurzform von Namen, die mit »Fried-« gebildet sind (z. B. ▸ Friedrich).

Filibert, (auch:) Philibert: alter deutscher Vorname (ahd. filu »viel, groß« + ahd. beraht »glänzend, berühmt«).

Filip: niederländische, schwedische, norwegische, polnische, tschechische Form von ▸ Philipp.

Filippo: italienische Form von ▸ Philipp.

Finian: ▸ Finnian.

¹Finn, (auch:) Fynn: nordische Herkunft, bezeichnet einen Angehörigen des finnischen Volkes.

²Finn, (auch:) Fionn [fɪ'əʊn]: irischer Ursprung, zu gäl. fionn »weiß, hell, blond«.

Finnegan ['fɪnɪgən]: englische Form des ursprünglich irischen Familiennamens Ó Fionnagáin (zu gäl. fionn »weiß, hell, blond«).

Finnian, (auch:) Finian, engl. Aussprache: ['fɪnɪən]: englische Form des irischen Namens Finnén (zu gäl. fionn »weiß, hell, blond«).

Fjodor, (auch:) Fedor; Feodor: russische Form von ▸ Theodor.

Flavio: italienische Form von ▸ Flavius.

Flavius: lateinischer Ursprung, zu dem römischen Geschlechternamen Flavius, zu lat. flāvus »blond«.

…ens: lateinischer Ursprung, geht zurück auf den gleichlautenden römischen Beinamen, zu lat. flōrēns »blühend, jugendlich blühend«.

Florent [...ˈrã]: französische Form von Florentius (▸ Florens).

Flọrentin: lateinischer Ursprung, geht zurück auf den römischen Beinamen Florentinus, eine Weiterbildung von ▸ Florens.

Flọrenz: lateinischer Ursprung, geht zurück auf den römischen Beinamen Florentius, eine Weiterbildung von ▸ Florens.

Flọri: Koseform von ▸ Florian.

Flọrian: lateinischer Ursprung, geht zurück auf Florianus, eine Weiterbildung von ▸ Florus.

Flọrin, (auch:) Florin: lateinischer Ursprung, geht zurück auf den römischen Beinamen Florinus, eine Weiterbildung von ▸ Florus. Dieser Name wird oft als lautliche Variante von ▸ Florian empfunden.

Flọris: lateinischer Ursprung, geht zurück auf den gleichlautenden römischen Beinamen, eine Ableitung von ▸ Florus.

Flọrus: lateinischer Ursprung, geht zurück auf den gleichlautenden römischen Beinamen; zugrunde liegt nicht eine männl. Bildung zu Flora, zu lat. flōs, flōris »Blume«, sondern das alte lateinische Adjektiv flōrus, das ursprünglich (wie auch flāvus, vgl. ▸ Flavius) »blond« bedeutete, später aber »blühend«.

Floyd [flɔɪd]: aus dem Englischen, gibt annähernd die walisische Aussprache (»Ll-« = »Fl-«) von ▸ Lloyd wieder.

Flynn [flɪn]: englische Form des irischen Familiennamens Ó Floinn (zu gäl. flann »rot, rötlich«).

Fọlker: ▸ Volker.

Fọlkmar: ▸ Volkmar.

Francesco [...ˈtʃes...]: italienische Form von ▸ Franziskus.

Francis [ˈfrɑːnsɪs]: englische Form von ▸ Franziskus.

Francisco [...ˈθis...]: spanische Form von ▸ Franziskus.

Francịscus: ▸ Franziskus.

Frạnco: italienische Form von ▸ Frank, auch Kurzform von Francesco (▸ Franziskus).

François [frãˈswa]: französische Form von ▸ Franziskus.

ˈFrạnjo: slowenische, kroatische, serbische Koseform von ▸ Franziskus.

²Franjo: Doppelform aus ▸ Fran(z) und ▸ Jo(sef).
Frank: alter deutscher Vorname, zu ahd. Franko »der Franke«. Der gleichbedeutende englische Vorname Frank wird, vor allem in den USA, auch als Kurzform von Francis (▸ Franziskus) aufgefasst.
Franklin [ˈfræŋklɪn]: aus dem Englischen, ursprünglich ein Familienname zu mittelengl. frankeleyn »freier, aber nicht adliger Grundbesitzer«.
Franko: eindeutschende Schreibung von ▸ Franco.
Frans: niederländische Form von ▸ Franz.
František [ˈfrantiʃɛk]: tschechische Form von ▸ Franziskus.
Franz: durch Verkürzung entstandene deutsche Form von ▸ Franziskus.
Franziskus, (auch:) Franciscus: zu spätlat. Franciscus (»Franke, fränkisch«, später »Franzose, französisch«). Daraus hat sich italien. Francesco entwickelt. Der Name geht zurück auf den heiligen Franz von Assisi, der eigentlich Giovanni Bernardone hieß. Francesco (»Franzose«) wurde er nach der Meinung einiger von seinem Vater genannt, als dieser nach seiner Geburt von einer Reise nach Frankreich zurückkehrte, andere dagegen sind der Ansicht, der junge Giovanni habe Sprache und Lebensart eines Franzosen so vorzüglich beherrscht, dass ihm seine Freunde diesen Spitznamen gegeben hätten.
¹Fred: Kurzform von ▸ Alfred und ▸ Manfred sowie niederdeutsche und friesische Kurzform von Frederik (▸ Friedrich).
²Fred: Kurzform der englischen Vornamen ▸ Alfred und ▸ Frederick.
Freddi: Koseform von ▸ ¹Fred.
Freddy, (auch:) Freddie: englische Koseform von ▸ ²Fred.
Frédéric: französische Form von ▸ Friedrich.
Frederick: englische Form von ▸ Friedrich.
Frederico: portugiesische Form von ▸ Friedrich.
Frederik: niederdeutsche, dänische und niederländische Form von ▸ Friedrich.
Fredi: ▸ Freddi.
Fredo: Erweiterung von ▸ ¹Fred oder Kurzform von ▸ Alfredo.

Fredric, engl. Aussprache: ['frɛdrɪk]: englische Variante von Frederick (▸ Friedrich).

Fredrich, (auch:) Fredrik: niederdeutsche Form von ▸ Friedrich.

Fredy: ▸ Freddi oder ▸ Freddy.

Frerich, (auch:) Frerik: durch Zusammenziehung entstandene niederdeutsch-friesische Kurzform von Frederich (▸ Friedrich).

Frider: ▸ Frieder.

Fridericus: latinisierte Form von ▸ Friedrich.

Fridhelm: ▸ Friedhelm.

Frido: ▸ Friedo.

Fridolin, (auch:) Friedolin: westfränkische Herkunft, gebildet mit german. *friþu »Schutz vor Waffengewalt, Friede« und der romanischen Koseendung »-lenus«.

Fridtjof: ▸ Frithjof.

Fried: Kurzform von Namen, die mit »Fried-« gebildet sind, besonders von ▸ Friedrich.

Friedel: Koseform von Namen, die mit »Fried-« oder »-fried« gebildet sind, besonders von ▸ Friedrich, ▸ Fridolin und ▸ Gottfried.

Friedemann, (auch:) Friedmann: alter deutscher Vorname, Koseform von Zusammensetzungen mit »Fried-« (ahd. fridu »Schutz vor Waffengewalt, Friede«) und der alten Koseendung »-man(n)«.

Frieder, (auch:) Frider: Kurzform von ▸ Friedrich.

Friedger, (auch:) Fridiger: alter deutscher Vorname (ahd. fridu »Schutz vor Waffengewalt, Friede« + ahd. gēr »Speer«).

Friedhelm, (auch:) Fridhelm: zu ahd. fridu »Schutz vor Waffengewalt, Friede« + ahd. helm »Helm«.

Die schönsten Jungennamen auf -y

Benny • Bobby • Cary • Freddy • Harry • Henny • Jerry • Kenny • Larry • Lenny • Marty • Ricky • Ronny • Sammy

…nn: ▸ Friedemann.

Friedo, (auch:) Frido: Kurzform von Namen, die mit »Fried-« zusammengesetzt sind.

Friedolin: ▸ Fridolin.

Friedrich: alter deutscher Vorname, zu ahd. fridu »Schutz vor Waffengewalt, Friede« + ahd. rīhhi »Herrschaft, Herrscher, Macht; reich, mächtig, hoch«; etwa »Friedensherrscher«.

Friso, (auch:) Frieso: alter deutscher Vorname, zum Stammesnamen ahd. Friesan »Friesen«.

Frithjof: aus altnord. Friðþjófr, zu altnord. frið »Friede« + altnord. þjófr »Dieb, Räuber«; zweiter Namenbestandteil möglicherweise auch Ableitung von german. *þewa-, altengl. þēow »Diener«.

Fritz: Koseform von ▸ Friedrich.

Fulvio: italienische Form des altrömischen Geschlechternamens Fulvius, zu lat. fulvus, -a, -um »rotblond«.

Fumio: japanische Herkunft (japan. fumi »Buch, Schrift, Kultur« + japan. o »Mann«).

Fynn: ▸ [1]Finn.

G

Gábor: ungarische Form von ▸ Gabriel.

Gabriel: aus der Bibel, zu hebr. gabar »stark sein« + 'ēl »Gott«, also etwa »Gott hat sich stark gezeigt«, oder zu hebr. geber »Mann« + 'ēl »Gott«, etwa »Mann Gottes«.

Gabriele: italienische Form von ▸ Gabriel.

Gaël [ga'ɛl]: aus dem Französischen, zugrunde liegt der Name der keltischen Stämme, die im 5. Jh. v. Chr. Irland und Schottland besiedelten.

Gaetano: italienische Form von ▸ Kajetan.

Gallus: zu lat. Gallus »der Gallier«.

Gạndolf: alter deutscher Vorname; der erste Bestandteil »Gand-« gehört vielleicht zu altisländ. gandr »Stab, Zauberstab, Zauberei; [Wer]wolf«; der zweite Bestandteil ist ahd. wolf »Wolf«).

Ganẹsch, (auch:) Ganẹsh; Ganẹsha: aus Indien stammender Vorname (sanskrit. gaṇa »Menge« + sanskrit. īśa »Herr«, etwa »Herr der Menge«). Ganescha, der älteste Sohn des Gottes Schiwa, wird mit dem Kopf eines Elefanten und einem dicken menschlichen Körper dargestellt. Er wird u. a. als Gott der Weisheit verehrt.

Gareth ['gærɪθ]: aus dem Englischen, wohl keltischer Ursprung, Ausgangsform und Bedeutung jedoch umstritten. Gareth ist der Name eines Ritters in der Artussage.

Gạrrit: durch Zusammenziehung entstandene friesische Form von ▸ Gerhard.

Garry: Nebenform von ▸ Gary.

Ga̲rvin: englische Form von ▸ Gerwin.

Gạrwin: niederdeutsche Form von ▸ Gerwin.

Gary ['gærɪ]: aus dem Englischen, geht zurück auf den amerikanischen Filmschauspieler Gary Cooper (eigtl. Frank Cooper). Die Änderung seines Vornamens in »Gary« wurde ihm von seiner Agentin vorgeschlagen, die aus Gary (Indiana) stammte. Die Stadt wurde nach dem Industriellen E. H. Gary benannt. Dem Familiennamen Gary liegt eine Koseform des alten Vornamens Garrett, einer Ableitung von ▸ Gerhard, zugrunde.

Gaspạr: spanische Form von ▸ Kaspar.

Gáspár ['ga:ʃpa:r]: ungarische Form von ▸ Kaspar.

Gaspard [...'pa:r]: französische Form von ▸ Kaspar.

Gạspare: italienische Form von ▸ Kaspar.

Die schönsten Jungennamen auf -on

Aaron • Amon • Anton • Egon • Gereon • Gideon • Hakon • Jadon • Jaron • Leon, Lion • Marlon • Simon • Timon • Yaron

Gaudenz: lat. Gaudentius, Weiterbildung von lat. gaudēns »sich freuend«.

Gauthier, (auch:) Gautier [goˈtje]: französische Form von ▸ Walter.

Gebhard: alter deutscher Vorname, zu ahd. geba »Gabe« + ahd. harti, herti »hart, kräftig, stark«.

Gedeon: ▸ Gideon.

Gene [dʒiːn]: aus dem Englischen, Kurzform von Eugene (▸ Eugen).

Gennadi, (auch:) Gennadij: aus dem Russischen, zu griech. gennádas »edel, von edler Geburt«.

Gennaro [dʒeˈnaːro]: italienische Form von lat. Januarius (Ableitung von Jānus, dem römischen Gott von Anfang und Ende).

Geo: Kurzform von ▸ Georg.

Geoffrey [ˈdʒɛfrɪ]: aus dem Englischen, Vermischung mehrerer Namenstämme, german. *gawja »Gau« und walah »der Fremde« + german. *friþu- »Schutz vor Waffengewalt, Friede«.

Georg, (auch:) Georg: zu griech. geōrgós »Landmann, Bauer«.

George [dʒɔːdʒ]: englische Form von ▸ Georg.

Georges [ʒɔrʒ]: französische Form von ▸ Georg.

Geórgios: neugriechische Form von ▸ Georg.

Gerald, (auch:) Gerold: alter deutscher Vorname, jüngere Form von Gerwald (ahd. gēr »Speer« + ahd. -walt zu waltan »walten, herrschen«).

Gérard [ʒeˈrar]: französische Form von ▸ Gerhard.

Gerardo, italien. Aussprache: [dʒeˈrardo], span. Aussprache: [xeˈrardo]: italienische und spanische Form von ▸ Gerhard.

Gerd, (auch:) Gert: durch Zusammenziehung entstandene Kurzform von ▸ Gerhard.

Gereon, (auch:) Gerion: geht zurück auf den heiligen Gereon, wohl zu griech. gérōn »Greis«.

Gerfried: alter deutscher Vorname (ahd. gēr »Speer« + ahd. fridu »Schutz vor Waffengewalt, Friede; Friedenswahrer«; etwa »der mit dem Speer den Frieden wahrt«).

Gerhard, (auch:) Gerhart: alter deutscher Vorname, zu ahd. gēr »Speer« + ahd. harti, herti »hart, kräftig, stark«.

Ge̲rion: ▸ Gereon.
Ge̲rit: ▸ Gerrit.
Ge̲rke, (auch:) Ge̲rko: niederdeutsch-friesische Koseform von Namen, die mit »Ger-« gebildet sind, besonders von ▸ Gerhard.
Germain [ʒɛrˈmɛ̃]: französische Form von ▸ [1]German.
[1]Gẹrman, (auch:) Germa̲nus: zu lat. Germānus »Germane« oder lat. germānus, -a »Bruder, Schwester«.
[2]Gẹrman: russische Form von ▸ Hermann.
Germa̲nus: ▸ [1]German.
Ge̲rnot, (auch:) Gẹrnot: alter deutscher Vorname, zu ahd. gēr »Speer« + ein zu altwestnord. hnióða »stoßen, schlagen« gehörendes Namenglied in der Bedeutung »Kampf«.
Ge̲ro: alter deutscher Vorname, Kurzform von Namen, die mit »Ger-« gebildet sind, besonders von ▸ Gerhard.
Ge̲rold: jüngere Form von Gerwald (▸ Gerald).
Ge̲rolf, (auch:) Ge̲rulf: alter deutscher Vorname, zu ahd. gēr »Speer« + ahd. wolf »Wolf«.
Gérôme: aus dem Französischen entlehnte Schreibvariante von ▸ Jérôme.
Geronimo [dʒeˈronimo]: italienische Form von ▸ Hieronymus.
Gẹrrit, (auch:) Ge̲rit; Gẹrret; Gẹrriet: durch Zusammenziehung entstandene friesische Form von ▸ Gerhard.
[1]Gẹrry: beliebte Kurzform von ▸ Gerhard.
[2]Gerry [ˈdʒɛrɪ]: englische Herkunft, Kurzform von ▸ Gerald.

Die schönsten Namen großer Schriftsteller

Albert Camus • Anton Tschechow • Arthur Miller • Daniel Defoe • Elias Canetti • Franz Kafka • Gabriel García Márquez • Johann Wolfgang von Goethe • Jonathan Swift • Jorge Luis Borges • Jules Verne • Martin Walser • Max Frisch • Milan Kundera • Stefan Zweig • Thomas Mann • Umberto Eco

Gerschom: aus der Bibel, hebräische Herkunft, wohl künstliche Bildung in Anlehnung an hebr. ger »Fremdling« + hebr. šām »dort« für den biblischen Gerschom, einen aus dem Exil heimkehrenden Priester.

Gert: Nebenform von ▸ Gerd.

Gerulf: ▸ Gerolf.

Gervin: ▸ Gerwin.

Gerwin, (auch:) Gervin: alter deutscher Vorname, zu ahd. gēr »Speer« + ahd. wini »Freund«.

Giacomo ['dʒa:...]: italienische Form von ▸ Jakob.

Gian [dʒan]: rätoromanische Kurzform von ▸ Johannes. Im Italienischen ist Gian, verkürzt aus ▸ Gianni, kein selbstständiger Vorname, sondern Bestandteil von Doppelformen wie z. B. Giancarlo (▸ Carlo) und von Namenkombinationen wie z. B. Gian Lorenzo (▸ Laurentius).

Gianni ['dʒani]: italienische Kurzform von Giovanni (▸ Johannes).

Gideon, (auch:) Gedeon; Gidion; Gidon: aus der Bibel, Bedeutung nicht sicher geklärt, wahrscheinlich zu hebr. ga'da' »schneiden, fällen«.

Giesbert: ▸ Gisbert.

Gil: Kurzform von Namen wie ▸ Gilbert, Gilbrecht oder friesische Kurzform zu Namen, die mit »Gild-« (ahd. gelt »Entgelt, Lohn, Opfer«) oder »Gis-« (vgl. ▸ Giselbert) gebildet wurden.

Gilbert, (auch:) Gilbrecht: jüngere Form von ▸ Giselbert.

¹Gildo: italienische Kurzform von Ermenegildo (zu german. *ermana, *irmina »allumfassend, groß«, später Namenglied mit verstärkender Bedeutung, + ahd. gelt »Entgelt, Lohn, Opfer«).

²Gildo: verselbstständigte Kurzform von Namen, die mit »Gild-« als erstem Bestandteil (z. B. Gildebrecht) gebildet wurden (▸ ¹Gildo).

Giles [dʒaɪlz]: englische Form von ▸ Ägid.

Gilles [ʒil]: französische Form von ▸ Ägid.

Gillian ['gɪlɪən]: aus dem Englischen entlehnte Nebenform des gälischen Namens Gillean (»Diener des heiligen Johannes«).

Gino: Koseform von italienischen Namen, die auf »-gi«

(▸ Luigi) oder »-gio« (▸ Giorgio) enden, auch von Giovannino (▸ Giovanni).

Gion [dʒon]: rätoromanische Kurzform von ▸ Johannes.

Giora: ▸ Giyora.

Giorgio ['dʒɔrdʒo]: italienische Form von ▸ Georg.

Giovanni [dʒo'vanni]: italienische Form von ▸ Johannes.

Gisbert, (auch:) Giesbert: alter deutscher Vorname, jüngere Form von ▸ Giselbert.

Giselbert: alter deutscher Vorname, zu ahd. *gisil »kleiner Speer, Pfeilschaft« + ahd. beraht »glänzend, berühmt« , etwa »der mit dem Speer berühmt ist«.

Giselher: alter deutscher Vorname, zu ahd. *gisil »kleiner Speer, Pfeilschaft« + ahd. heri «Heer; Heerführer, Krieger«; etwa »mit dem kleinen Speer kämpfender Krieger«. Der Name ist bekannt durch den Giselher des Nibelungenliedes, den jüngsten Bruder König Gunthers.

Gismar: alter deutscher Vorname (zu german. gīs »Ger, Speer« + ahd. māri »bekannt, berühmt, angesehen«; etwa »der mit dem Speer berühmt ist«).

Giuliano [dʒu'li̯a:no]: italienische Form von ▸ Julian.

Giulio ['dʒu:li̯o]: italienische Form von ▸ Julius.

Giuseppe [dʒu'zɛpe]: italienische Form von ▸ Josef.

Giyora, (auch:) Giora: in Israel üblicher Vorname nach Simeon bar Giyora (»der Sohn des Proselyten, des Neubekehrten«), einem messianischen König, der 70 bis 66 v. Chr. eine jüdische Revolte gegen die Römer anführte.

Die schönsten Namen großer Schauspieler

Antonio Banderas • Ben Stiller • Brad Pitt • Colin Firth • Dustin Hoffman • George Clooney • Keanu Reeves • Marlon Brando • Michael Douglas • Moritz Bleibtreu • Orlando Bloom • Paul Newman • Robert Redford • Robin Williams • Til Schweiger • Tom Hanks, Tom Cruise

Glenn, (auch:) Glen: aus dem Englischen, geht wahrscheinlich zurück auf einen von gäl. gleann »Tal« abgeleiteten Familiennamen.

Godehard, (auch:) Godhard: niederdeutsche Form von ▸Gotthard.

Golo: alter deutscher Vorname, Lallform von Namen, die mit »Gott-« gebildet sind, wie z. B. ▸Gottfried, ▸Gotthard.

Göran: schwedische Form von ▸Georg.

Gorch: niederdeutsche Form von ▸Georg.

Gorden: englische Variante von ▸Gordon.

Gordian: lateinische Herkunft, geht zurück auf den römischen Geschlechternamen Gordianus.

Gordon [ˈgɔːdn]: englische Herkunft, ursprünglich Familienname eines alten schottischen Adelsgeschlechts, dem ein Ortsname in Berwickshire oder in der Normandie zugrunde liegt. Durch die große Popularität des britischen Generals Charles George Gordon wurde Gordon als Vorname gebräuchlich.

Gösta: schwedische Kurzform von ▸Gustav.

Gottfried: alter deutscher Vorname, zu ahd. got »Gott« + ahd. fridu »Schutz vor Waffengewalt; Friede; Friedenswahrer«, etwa »der von Gott beauftragte Friedenswahrer«.

Gotthard: alter deutscher Vorname, zu ahd. got »Gott« + ahd. harti, herti »hart, kräftig, stark«.

Gottlieb: aus der Zeit des Pietismus, Übersetzung von ▸Amadeus und ▸Theophil oder Umdeutung des alten Namens Goteleib (ahd. got »Gott« + ahd. leiba »Nachkomme, Sohn«) in Anlehnung an das Adjektiv »lieb«.

Götz: Kurzform von Namen, die mit »Gott-« gebildet sind, besonders von ▸Gottfried.

Graham [ˈgreɪhəm]: ursprünglich schottischer Familienname, der auf einen Ortsnamen zurückgeht.

Gratian, (auch:) Grazian: lat. Gratianus, zu lat. grātus »anmutig, willkommen, teuer, lieb«.

Greg: Kurzform von ▸Gregory.

Gregor: geht zurück auf Gregorius, einen spätrömischen Beinamen, griech. grēgoréō »wachen, wachsam sein«.

Gregory: englische Form von ▸Gregor.

Grẹtus: männl. Bildung zu Grete, einer Kurzform von Margarete: zu lat. margarīta »Perle« aus griech. margarítēs »Perle«.
Grigọri, (auch:) Grigọrij: russische Form von ▸Gregor.
Grigórios [griˈɣɔrjɔs]: neugriechische Form von ▸Gregor.
Grịscha: russische Koseform von Grigori (▸Gregor).
Guido [ˈgiːdo], [ˈgu̯iːdo]: romanisierte Form von ▸Wido.
Guillaume [giˈjom]: französische Form von ▸Wilhelm.
Gụnar: in den nordischen Sprachen nicht gebräuchliche Schreibvariante von ▸Gunnar.
Günay: zu türk. gün »Sonne« + türk. ay »Mond«.
Gụndolf, (auch:) Gụntolf: alter deutscher Vorname, zu ahd. gund »Kampf« + ahd. wolf »Wolf«; »Kampfwolf«.
Gụndram: ▸Guntram.
Gụnnar: nordische Entsprechung von ▸Günter.
Gụnter, (auch:) Gụnther: Nebenform von ▸Günter.
Gụ̈nter, (auch:) Gụ̈nther: alter deutscher Vorname, zu ahd. gund »Kampf« + ahd. heri »Heer; Heerführer, Krieger«; etwa »im Kampf bewährter Krieger«.
Gụntmar: alter deutscher Vorname, zu ahd. gund »Kampf« + ahd. māri »bekannt, berühmt, angesehen«.
Gụntolf: ▸Gundolf.
Gụntram, (auch:) Gụndram: alter deutscher Vorname, zu ahd. gund »Kampf« + ahd. hraban »Rabe«.
Gụs: englische Kurzform [gʌs] von ▸Angus, Augustus (▸August), auch deutsche Kurzform von ▸Gustav.
Gụstav, (auch:) Gụstaf: aus dem Schwedischen, erster Namenbestandteil nach älterer Auffassung zu altschwed. guth

Die schönsten Namen von Sängern

Bob Marley, Bob Dylan • David Bowie • Eric Clapton • Falco • George Michael • Jan Delay • Justin Timberlake • Lenny Kravitz • Michael Jackson • Mick Jagger • Peter Gabriel, Peter Maffay • Robby Williams • Xavier Naidoo

»Gott« oder altschwed. göt »Gote«, zweiter Bestandteil zu altschwed. stav »Stab«; nach neuerer, von manchen bezweifelter Meinung geht der Name auf slawische Kontakte zur späten Wikingerzeit zurück und ist als urslaw. *gostь »Fremder, Gast« + urslaw. *slava »Ruhm, Ehre« zu verstehen.

Gustave [gys'tav]: französische Form von ▸ Gustav.

Gustel: Koseform von ▸ August und ▸ Gustav.

Guy [gi]: französische Form von ▸ Guido, auch englisch [gaɪ].

H

Haakon: ▸ Hakon.

Habib: zu arab. ḥabīb »geliebt, lieb; Liebling«.

Hadrian: ▸ Adrian.

Hadwin: alter deutscher Vorname (ahd. hadu- »Kampf« + ahd. wini »Freund«; etwa »im Kampf bewährter Freund«).

Hagen: alter deutscher Vorname, zu ahd. hag, hagan »Einhegung, Hag«. Der Name ist bekannt durch den Hagen von Tronje des Nibelungenliedes.

Haiko: ▸ Heiko.

Haimo: ▸ Heimo.

¹Hajo, (auch:) Haje: ▸ Heio.

²Hajo: verkürzte Form von ▸ Hansjoachim.

Hakan: zu türk. hakan »Herrscher«.

Hakim: zu arab. ḥakīm »weise, vernünftig, klug«.

Hakon, (auch:) Haakon: aus dem Nordischen, zu german. *hanha, altwestnord. há »Ross« + konr »Nachkomme, Sohn«.

Hal [hæl]: englische Kurzform von ▸ Harry.

Halil: türkische Form von arab. Khalil (»enger Freund«).

Halit: türkische Form von ▸ Khalid.

¹Hamid: zu arab. ḥāmid »dankbar, preisend« .

[2]**Hamid:** aus dem Arabischen, verkürzte Form von Abdulhamid (arab. ʻabd »Diener« + arab. Al-Hamīd »der Gepriesene«: »Diener [Gottes,] des Gepriesenen«).

Hanjo: verkürzte Form von Hansjoachim (▸Hans, ▸Joachim).

Hanke, (auch:) Hanko; Hank: niederdeutsch-friesische Koseform von ▸Johannes.

Hannes: Kurzform von ▸Johannes, auch finnisch.

Hanno: Kurzform von ▸Johann[es].

Hans, (selten auch:) Hanns: seit dem ausgehenden Mittelalter häufigste Kurzform von ▸Johannes, wird häufig auch mit anderen Namen verbunden, z. B. Hansdieter.

Hänsel, (auch:) Hansel: süddeutsche Koseform von ▸Hans.

Hansi: Koseform von ▸Hans.

Harald: dänische, norwegische, schwedische Entsprechung von ▸Herold.

Harbert: niederdeutsch-friesische Form von ▸Herbert.

Hardi, (auch:) Hardy: Koseform von Namen, die mit »Hart-« oder »-hard« gebildet sind (z. B. ▸Hartmut oder ▸Gerhard).

Hardo: Kurzform von Namen, die mit »Hart-« oder »-hard« gebildet sind (z. B. ▸Hartmut oder ▸Gerhard).

Hardy: ▸Hardi.

Harinder: indische Herkunft (sanskrit. hari als Name Wischnus + sanskrit. Indra, Name des Gottes Indra).

Hark, (auch:) Harke: altfries. *Harika, *Herika, verselbstständigte friesische Koseform von Namen, die mit ahd. heri »Heer; Heerführer, Krieger« gebildet sind.

Haro: ▸Harro.

[1]**Harold:** niederdeutsche Form von ▸Herold.

[2]**Harold** [ˈhærəld]: englische Entsprechung von ▸Herold.

Harri: deutsche Schreibvariante von ▸Harry.

Harro, (auch:) Haro: friesische Kurzform von Harmen (▸Hermann) und ▸Harbert.

Harry: aus dem Englischen [ˈhærɪ], Nebenform von ▸Henry.

Hartmann: alter deutscher Vorname, zu ahd. harti, herti »hart, kräftig, stark« + ahd. man »Mann; Mensch«.

Hartmut, (auch:) Hartmuth: alter deutscher Vorname, zu ahd. harti, herti »hart, kräftig, stark« + ahd. muot »Sinn, Gemüt, Geist«.

Hartwig, (auch:) Hartwich; Hertwig: alter deutscher Vorname (ahd. harti, herti »hart, kräftig, stark« + ahd. wīg »Kampf, Krieg; Krieger«; etwa »starker Krieger«).

Harun: arabischer Ursprung, entspricht dem biblischen Namen ▸ Aaron.

Harvey [hɑːvɪ]: aus dem Englischen, bretonischer Ursprung (▸ Hervé), gelangte mit den normannischen Eroberern nach England.

Hasan: türkische Form von ▸ Hassan.

Hassan: zu arab. ḥasan »schön, gut«. So hieß ein Enkel des Propheten Mohammed.

Hasso: nach dem Volksstamm der Hessen, zu ahd. Hassi »Hessen«, oder Koseform von Namen, die mit »Hart-« gebildet sind.

Hauke, (auch:) Hauko: friesische Koseform von ▸ Hugo und von Zusammensetzungen mit »Hug-« (ahd. hugu »Gedanke, Verstand, Geist, Sinn«).

Haymo: ▸ Heimo.

Hayo: ▸ Heio.

Hector: Schreibvariante von ▸ Hektor, auch englisch.

Heikki: finnische Form von ▸ Henrik.

Heiko, (selten auch:) Haiko; Heike; Heyko: niederdeutsch-friesische Koseform von ▸ Heinrich.

Heilmar, (auch:) Helimar; Helmar; Helmer: alter deutscher Vorname, zu ahd. heil »gesund, unversehrt, heil« + ahd. māri »bekannt, berühmt, angesehen«.

Heimito: Eindeutschung von span. Jaimito, Koseform von Jaime, der spanischen Form von ▸ Jakob.

Heimo, (selten auch:) Haimo; Haymo: alter deutscher Vorname, verselbstständigte Kurzform von Namen, die mit »Heim-« (ahd. heim »Haus«) gebildet sind.

Hein, (auch:) Heine: besonders niederdeutsch-friesische Kurzform von ▸ Heinrich.

Heinar: ▸ Heiner.

Heine: ▸ Hein.

Heiner, (auch:) Heinar: Kurzform von ▸ Heinrich.

Heini: Koseform von ▸ Heinrich.

Heinke, (auch:) Heinko: niederdeutsch-friesische Koseform von ▸ Heinrich.

Heino: Kurzform von ▸ Heinrich.

Heinrich: alter deutscher Vorname, der sich aus Heimrich (ahd. heim »Haus« + ahd. rīhhi »Herrschaft, Herrscher, Macht; reich, mächtig, hoch«) entwickelt hat.

Heintje: friesische und niederländische Koseform von ▸ Heinrich.

Heinz: Koseform von ▸ Heinrich, häufig auch Bestandteil von Doppelformen wie z. B. Heinzdieter (▸ Dieter).

Heio, (auch:) Haje; Hajo; Hayo; Heye; Heyo: durch Zusammenziehung entstandene friesische Kurzform von Namen, die mit ahd. hag, hagan »Einhegung, Hag« gebildet wurden.

Hektor, (auch:) Hector: wohl zu griech. échō in der Bedeutung »[durch Kampf] erwerben, an sich nehmen«; geht zurück auf den Namen des trojanischen Helden. Nach der Ilias fällt Hektor im Kampf gegen Achill.

Helgar: nordische Herkunft, Neubildung in Anlehnung an ▸ Helge oder Helga, die weibl. Form von Helge.

Helge: zu altnord. heilagr »heilig«.

Helger: zu ahd. heil »gesund, unversehrt, heil« + ahd. gēr »Speer«, z. T. auch Variante von ▸ Helgar.

Helimar: ▸ Heilmar.

Helios, (auch:) Helio: zu griech. hḗlios »Sonne«. In der griechischen Mythologie war Helios der Sonnengott.

Hellmuth: ▸ Helmut.

Die schönsten Namen großer Komponisten

Alban Berg • Antonio Vivaldi • Benjamin Britten • Carl Maria von Weber • Claude Débussy • Domenico Scarlatti • Felix Mendelssohn Bartholdy • Frédéric Chopin • Giacomo Puccini • Igor Strawinsky • Johannes Brahms • Maurice Ravel • Max Reger • Peter Tschaikowsky • Richard Wagner

Helm: Kurzform von Namen, die mit »Helm-« gebildet sind.
Helmar: ▸ Heilmar.
Helmbrecht: alter deutscher Vorname, zu ahd. helm »Helm« + ahd. beraht »glänzend«.
Helmer: ▸ Heilmar.
Helmut, (auch:) Helmuth; Hellmut; Hellmuth: lässt sich zwar als niederdeutsche Variante von Heilmut (ahd. heil »gesund, unversehrt, heil« + ahd. muot »Sinn, Gemüt, Geist«) oder als Neubildung mit den Namenbestandteilen »Helm-« und »-mut« (in der Schreibung »Hellmut« oft auch im Sinne von »heller Mut« ausgelegt) erklären, aller Wahrscheinlichkeit nach aber aus Helmold (ahd. helm »Helm« + ahd. -walt zu waltan »walten, herrschen«) entstanden.
Helwin: aus ahd. heil »gesund, unversehrt, heil« + ahd. wini »Freund«.
Hendrick: Schreibvariante von ▸ Hendrik.
Hendrik: niederländische Form von ▸ Heinrich, auch friesisch.
Henner: Kurzform von ▸ Heinrich.
Hennes: Kurzform von ▸ Johannes.
Hennig, (auch:) Henning: niederdeutsch-friesische Koseform von ▸ Johannes oder ▸ Heinrich, auch in Skandinavien geläufig.
Henno: Kurzform von ▸ Heinrich oder ▸ Johannes.
Henny: Koseform von ▸ Heinrich oder ▸ Johannes.
Henri [ã'ri]: französische Form von ▸ Heinrich.
Henrich: niederdeutsch-friesische Form von ▸ Heinrich.
Henrick: Schreibvariante von ▸ Henrik.
Henrik: niederdeutsch-friesische Form von ▸ Heinrich, auch dänisch, norwegisch und schwedisch.
Henry: englische Form von ▸ Heinrich.
Henryk ['xɛnrik]: polnische Form von ▸ Heinrich.
Herbert, (auch:) Heribert: alter deutscher Vorname, zu ahd. heri »Heer; Heerführer, Krieger« + ahd. beraht »glänzend, berühmt«.
Heribert: ▸ Herbert.
Herm: Kurzform von ▸ Hermann.
Herman: ältere Schreibvariante von ▸ Hermann, auch schwedisch, dänisch, niederländisch, englisch, polnisch.

Hẹrmann, (auch:) Hẹrrmann: alter deutscher Vorname, zu ahd. heri »Heer; Heerführer, Krieger« + ahd. man »Mann«.
Hẹrmes: aus der griechischen Mythologie. Hermes ist der Sohn des Zeus und Bote der Götter des Olymps.
He̲ro: ostfriesische Kurzform von Namen, die mit »Her-« gebildet sind.
He̲rold: alter deutscher Vorname, zu ahd. heri »Heer; Heerführer, Krieger« + ahd. -walt zu waltan »walten, herrschen«.
He̲rolf, (auch:) Hạriolf: alter deutscher Vorname, zu ahd. heri »Heer; Heerführer, Krieger« + ahd. wolf »Wolf«.
Hẹrrmann: Nebenform von ▸ Hermann.
Hẹrtwig: ▸ Hartwig.
Hervé [ɛrˈve]: französische Form des bretonischen Namens Haeruiu, Bedeutung, vielleicht zu kelt. haer- »Kampf« und -uiu »lebhaft, munter«.
Hẹsso: ▸ Hasso.
He̲ye: ▸ Heio.
Hey̲ko: ▸ Heiko.
He̲yo: ▸ Heio.
Hierọnymus: zu griech. hierós »heilig, geheiligt, den Göttern geweiht« und ónoma »Name, Ruf«.
Hikmẹt: zu türk. hikmet »Weisheit« aus gleichbedeutend arab. ḥikmat.
Hila̲rius, (auch:) Hi̲lar: zu lat. hilarus, -a, -um »heiter, fröhlich«.

Die schönsten Namen großer Sportler

David Beckham • Fabian Hambüchen • Franz Beckenbauer • Georg Hackl • Jan Ullrich • Lewis Hamilton • Lionel Messi • Lukas Podolski • Matthias Steiner • Paul Biedermann • Philipp Lahm • Rafael Nadal • Roger Federer • Sebastian Vettel

Hịlbert: jüngere Form von ▸ Hildebert.
Hịldebert: alter deutscher Vorname (ahd. hiltja »Kampf« + ahd. beraht »glänzend, berühmt«; etwa »der im Kampf berühmt ist«).
Hịldmar: ▸ Hilmar.
Hịlger: jüngere Form von Hildeger (ahd. hiltja »Kampf« + ahd. gēr »Speer«; etwa »der einen im Kampf bewährten Speer führt«).
Hịlko: friesische Koseform von Namen, die mit »Hilde-«, »Hil-« beginnen.
Hịlmar, (auch:) Hịlmer; Hịldmar: jüngere Form von Hildemar (ahd. hiltja »Kampf« + ahd. māri »bekannt, berühmt, angesehen«; etwa »der im Kampf berühmt ist«).
Hịnderk: friesische Form von ▸ Heinrich.
Hịndrik: friesische Form von ▸ Heinrich.
Hịnnerk: niederdeutsch-friesische Form von ▸ Heinrich.
Hịnrik, (auch:) Hịnrich: niederdeutsch-friesische Form von ▸ Heinrich.
Hịnz: Kurzform von ▸ Heinrich.
Hiob, (auch:) Job; Ijob: aus der Bibel, hebräischer Ursprung, zu hebr. 'iyyōb »wo ist mein Vater [Gott]«. Hiob ist die Namensform, die Luther wählte, während Job die Namensform der Vulgata, der lateinischen Bibelübersetzung, und Ijob die ökumenische Namensform ist. Nach der Bibel ist Hiob der von Gott geprüfte Mann, der aber an Gott festhält.
Hippolyt: zu griech. híppos »Pferd« + lýō »lösen«, also etwa »der die Pferde loslässt«.
Hjạlmar: zu altnord. Hjalmarr zu altnord. hjalmr »Helm« + urnord. harjaR, altnord. herr »Heer; Heerführer, Krieger«.
Ho: chinesische Herkunft, Bedeutung »gut«.
Họlger: dänische/schwedische Herkunft, zu altnord. holmr »Insel« + altnord. geirr »Speer«.
Họlly: Koseform von Namen, die mit »Ho-« beginnen.
Họlm: zu altnord. Holmr zu altnord. holmr »Insel«.
Homer: Herkunft umstritten, wurde u. a. zu griech. hómēros »Geisel« gestellt, vielleicht aber auch vorgriechischer Name.

Horatio: ▸ Horatius.
Horatius: lateinischer Ursprung, geht zurück auf einen altrömischen Geschlechternamen.
Horst: erscheint erstmals in einer Chronik des 15. Jh.s für den angelsächsischen Heerführer Horsa (zu altengl. hors »Pferd«), entweder in Angleichung an den zusammen mit ihm genannten Hengist (zu altengl. hengest »Hengst«) oder an das Wort Horst »Gehölz, Dickicht«.
Hosea: aus der Bibel, hebräischer Ursprung, zu hebr. hōšeā »Er [Gott] hat geholfen«. Nach der Bibel war Hosea ein Prophet, der sich gegen den Götzendienst und die politischen und sozialen Missstände wandte.
Howard [ˈhaʊəd]: aus dem Englischen, geht zurück auf den gleichlautenden Familiennamen; leitet sich z. T. von dem mittelalterlichen Namen Houart, Huward ab, dessen Bestandteile ahd. hugu »Gedanke, Verstand, Geist, Sinn« und ahd. wart »Hüter, Schützer« entsprechen.
Hubert, (latinisiert:) Hubertus: alter deutscher Vorname, jüngere Form von Hugbert, Hugubert (ahd. hugu »Gedanke, Verstand, Geist, Sinn« + ahd. beraht »glänzend«).
Hubertus: ▸ Hubert.
Hugh [hjuː]: englische Form von ▸ Hugo.
Hugo: alter deutscher Vorname, verselbstständigte Kurzform von Namen, die mit »Hug-« (ahd. hugu »Gedanke, Verstand, Geist, Sinn«) gebildet sind.
Humbert: alter deutscher Vorname, der sich aus der Namensform Hunber[h]t (wahrscheinlich zu german. *hun »Tier-,

Die schönsten Namen großer Forscher

Albert Einstein • Alexander von Humboldt • Charles Darwin • Georg Simon Ohm • Gregor Mendel • Heinrich Schliemann • Isaac Newton • Jacob Grimm • Justus Liebig • Linus Pauling • Max Planck • Niels Bohr • Nikolaus Kopernikus

besonders Bärenjunges« + ahd. beraht »glänzend«) entwickelt hat.

Hụnno: Kurzform von Namen, die mit »Hun-« (wahrscheinlich zu german. *hun »Tier-, besonders Bärenjunges«) gebildet sind.

Hụsain, (auch:) Hụsayn: ▸ Hussein.

Hüseyịn: türkische Form von ▸ Hussein.

Hụssein, (auch:) Hụsain; Hụsayn: Verkleinerungsform von arab. ḥasan »schön, gut«.

Hyazịnth, (auch:) Hyazịnthus: zu griech. Hyákinthos, dessen Bedeutung unklar ist. Nach der griechischen Sage wurde Hyazinth, der Liebling Apolls, von diesem versehentlich mit einem Diskus getötet. Aus seinem Blut entsprang die Hyazinthe.

I

Ian [ɪən]: schottische Form von ▸ John.

I̲bo: verselbstständigte friesische Kurzform unbekannten Ursprungs.

I̲brahim: arabische (Ibrahīm) und türkische Form von ▸ Abraham. Ibrahim gilt über seinen Sohn ▸ Ismail als Stammvater der Araber und Erbauer der ersten Kaaba.

¹Ịddo: verselbstständigte Kurzform von heute nicht mehr gebräuchlichen Vornamen, die mit »Id-« (vielleicht zu altnord. ídh »Werk, Tätigkeit«) gebildet wurden.

²Ịddo: biblische Herkunft, zu hebr. ’iddō, wohl Kurzform von yeda‘yāh »Jahwe erwählt ihn«, oder zu hebr. ‘iddō, wohl Kurzform von ‘adāyāh »Jahwe ist wohltätig«.

Ịdo: neuhebräische Form von ▸ ²Iddo.

Idri̲s: zu arab. Idrīs, zu arab. darasa »studieren, lernen«; im Islam Name eines Propheten.

Igna̲tius, (auch:) Ịgnatz; Ịgnaz: Name des heiligen Ignatius von Loyola, Gründer des Jesuitenordens, der eigentlich Íñigo López de Recalde (▸ Inigo) hieß, sich später aber nach dem heiligen Märtyrer Ignatius (zu dem alten römischen Geschlechternamen Egnatius) nannte.

Igor, aus dem Russischen, geht zurück auf altnordisch Ingvarr, Yngvarr (▸ Ingvar). Der Name gelangte im frühen Mittelalter mit den Warägern nach Russland.

Ijob: ▸ Hiob.

[1]Ike: verselbstständigte friesische Kurzform unbekannten Ursprungs.

[2]Ike [aɪk]: englische Kurzform von Isaac (▸ Isaak).

[1]Ilan: serbische, kroatische Ableitung von Ilija (▸ Elias).

[2]Ilan: neuhebräischer Ursprung, Bedeutung »Baum«.

Ilay: türkische Herkunft, männl. Form von Ilayda, dem Namen einer Wasserfee.

Ilías: neugriechische Form von ▸ Elias.

Ilja, russische Form von ▸ Elias.

Ilko: bulgarische Koseform von Ilija (▸ Elias); vielleicht auch männl. Bildung zu Ilka, einer verselbstständigten friesischen Koseform unbekannten Ursprungs.

Ilmari: zurzeit in Finnland beliebte Kurzform von Ilmarinen (zu finn. ilma »Luft«), dem Namen des Schmieds in dem finnischen Nationalepos »Kalevala« von Elias Lönnrot.

Ilyas: arabische (Ilyās) und türkische Form von ▸ Elias.

Immanuel, (auch:) Imanuel: aus der Bibel, zu hebr. ʻimmānūʼēl »mit uns [ist] Gott«, wohl ein Heilsruf des Tempelkultes. Unter diesem Namen kündigt der Prophet Jesaja nach neutestamentlichem Verständnis den Messias an. Die griechisch-lateinische Form von Immanuel ist ▸ Emanuel.

Immo, (auch:) Imo: verselbstständigte Kurzform von Namen, die mit »Irm[en]-« (german. *ermana, *irmina »allumfassend, groß«, später Namenglied mit verstärkender Bedeutung) gebildet wurden.

Imre: ungarische Form von ▸ Emmerich.

Indra: aus der indischen vedischen Mythologie, Name des Gottes der Atmosphäre und des Himmels, der über den Regen herrscht, gehört wahrscheinlich zu sanskrit. ind »tropfen« bzw. indu »ein Tropfen« + -ra »besitzend«, meint also den »die Regentropfen Besitzenden«.

Ingemar: ▸ Ingmar.

Inger: schwedische Nebenform von ▸ Ingvar.

Ingfried: alter deutscher Vorname, zu ahd. Ing[wio] – Name einer germanischen Gottheit + ahd. fridu »Schutz vor Waffengewalt, Friede; Friedenswahrer«.

Ingmar: Nebenform von ▸ Ingomar, auch schwedisch und norwegisch.

Ingo: verselbstständigte Kurzform von Namen, die mit »Ingo-« gebildet sind.

Ingolf, (auch:) Ingulf: alter deutscher Vorname, zu ahd. Ing[wio] – Name einer germanischen Gottheit + ahd. wolf »Wolf«.

Ingomar, (auch:) Ingemar; Ingmar: alter deutscher Vorname, zu ahd. Ing[wio] – Name einer germanischen Gottheit + ahd. māri »bekannt, berühmt, angesehen«.

Ingulf: ▸ Ingolf.

Ingvar: zu altnord. Yngvarr, zu altnord. Yngvi (Name einer germanischen Gottheit) + urnord. harjaR, altnord. herr »Heer; Heerführer, Krieger«.

Inigo: deutsche und englische Form von span. Íñigo, das über En(n)ego aus Enneco, einem im Mittelalter im Baskenland und in Nordspanien verbreiteten Namen mit umstrittener Etymologie, hervorgegangen ist.

Inko: männl. Bildung zu Inka, einer friesischen Koseform unsicherer Herkunft.

Inno: verselbstständigte friesische Kurzform unsicherer Herkunft oder Kurzform von ▸ Innozenz.

Innozenz: geht zurück auf den römischen Beinamen Innocentius, zu lat. innocēns »unschuldig«.

Ino: Variante von ▸ Inno oder italienische Kurzform von Namen, die auf »-ino« ausgehen (z. B. ▸ Angelino, ▸ Antonino).

Ioánnis: neugriechische Form von ▸ Johannes.

Ion: friesische und rumänische Form von ▸ Johannes.

Irenäus: zu griech. eirḗnē »Frieden«.

Iring: wohl eine die Zugehörigkeit ausdrückende -ing-Ableitung zu ahd. *ira »Wut, Toben, Einherstürmen«; etwa »der wütend Einherstürmende«.

Irving [ˈəːvɪŋ]: aus dem Englischen, geht zurück auf einen schottischen Orts- und Familiennamen.

Isaak, (auch:) Isaac: aus der Bibel, zu hebr. yishāq, Kurzform von Namen wie yishāq-'ēl »Gott lächelt [dem Kind] zu«. Nach der Bibel war Isaak der Sohn Abrahams und Saras und einer der Erzväter Israels.
Ishaq, (auch:) Ishak: arabische Form von ▸ Isaak.
Ishmael ['ɪʃmeɪəl]: englische Form von ▸ Ismael.
Isidor: zu griech. Isídōros »Geschenk der Göttin Isis«.
Ismael: aus der Bibel, zu hebr. yišmā'ēl »Gott erhörte«. Nach der Bibel war Ismael der Sohn Abrahams und der ägyptischen Sklavin Hagar.
Ismail: arabische (Ismāʿīl), türkische und russische Form von ▸ Ismael. Nach islamischer Tradition gilt Ismāʿīl als Stammvater der Araber.
Ismar: alter deutscher Vorname, zu ahd. īsan »Eisen« + ahd. māri »bekannt, berühmt, angesehen«.
Ismet: zu arab. ʻiṣmat »Reinheit, Freiheit von Sünde«.
Iso: alter deutscher Vorname, Kurzform von Namen, die mit »Is-« (ahd. īsan »Eisen«) gebildet sind.
Israel: aus der Bibel, zu hebr. Yisrā'el, dessen Herkunft unklar ist: zu hebr. 'el »Gott« + hebr. sārā »kämpfen, herrschen«, also »Gott herrscht« bzw. »kämpft«, oder zu hebr. yāšār »aufrecht«, Beiname des Patriarchen Jakob.
István: ungarische Form von ▸ Stephan.
Italo: aus dem Italienischen, Bedeutung »der Italiener«.
Ivan: ▸ Iwan.
Ivano: italienische Form von ▸ Iwan.

Die schönsten Namen großer Philosophen

Albertus Magnus • Arthur Schopenhauer • Baruch de Spinoza • Friedrich Nietzsche • Immanuel Kant • Jean-Paul Sartre • Johann Gottlieb Fichte • Karl Jaspers • Ludwig Wittgenstein • Mark Aurel • Martin Heidegger • René Descartes • Roger Bacon • Thomas von Aquin

Ivar: nordische Herkunft, Entstehung umstritten, entweder zu altnord. ýr »Eibe, Bogen aus Eibenholz« + altnord. herr »Heer; Heerführer, Krieger« oder Nebenform von ▸ Ingvar.

Iver: dänische und norwegische Variante von ▸ Ivar.

Ives [ˈi:v]: deutsche Schreibvariante des französischen Vornamens ▸ Yves.

¹Ivo, (selten auch:) Iwo: alter deutscher Vorname, zu ahd. īwa »Eibe; Bogen aus Eibenholz«. Mit dem german. Wort urverwandt ist kelt. *ivos, kymr. ywen, breton. ivin mit der gleichen Bedeutung, sodass der Name auch keltischen Ursprungs sein könnte.

²Ivo: serbische Kurzform von ▸ Johannes.

Iwan, (auch:) Ivan: russische Form von ▸ Johannes.

Iwo: ▸ ¹Ivo.

J

Jaak: niederländische Kurzform von ▸ Jakob.

Jaap: niederländische Kurzform von ▸ Jakob.

Jack [dʒæk]: aus dem Englischen, Koseform von John (▸ Johannes), entwickelte sich aus Jehan, Jan durch Hinzufügung des Kosesuffixes »-kin« (Jankin, Jackin), wird gelegentlich, unter dem Einfluss von französ. Jacques, als Kurzform von ▸ James aufgefasst.

Jackie, (auch:) Jacky [ˈdʒækɪ]: Koseform von ▸ Jack.

Jacob: Schreibvariante von ▸ Jakob, auch niederländisch und englisch.

Jacques [ʒa:k], [ʒak]: französische Form von ▸ Jakob.

Jaden, (auch:) Jayden [ˈdʒeɪdən]: englische Nebenform von ▸ Jadon.

Jadon: aus der Bibel, hebräische Herkunft, wohl Kurzform eines Namens mit der Bedeutung »Jahwe herrscht«. Nach

dem Alten Testament war Jadon einer der Männer, d
der Rückkehr aus dem Babylonischen Exil beim Wiederaufbau der Mauer von Jerusalem halfen.

Jago: geht zurück auf eine verkürzte Form von ▸Jakob. Bekannt ist die Gestalt des Jago in Shakespeares Drama »Othello« (1622), englische Aussprache: ['dʒeɪgoʊ]. Shakespeare hat diesen Namen aus seiner italienischen Vorlage übernommen, sodass hier eine im Italienischen oder Spanischen (▸Yago) entstandene Form von Jakob vorliegt.

Jahn: ▸Jan.

Jaime ['xai̯me]: spanische Form von ▸Jakob, die aus spätlat. Jacomus hervorgegangen ist.

Jaimie, (auch:) Jaimy ['dʒeɪmɪ]: Koseform von ▸James.

Jake [dʒeɪk]: ursprünglich englische Variante von ▸Jack, hat sich aber zu einem selbstständigen Vornamen entwickelt.

Jakim: slawische (z. B. bulgarische, makedonische, weißrussische) Form von ▸Joachim.

X **Jakob,** (auch:) Jacob: aus der Bibel, hebräischer Ursprung, bedeutet eigentlich »Er [Gott] möge schützen«, wird aber bereits im Alten Testament volksetymologisch als »Fersenhalter« und »er betrügt« verstanden. Nach der Bibel brachte Jakob seinen Zwillingsbruder Esau durch List um dessen Erstgeburtsrecht und durch Betrug um den väterlichen Segen.

Jakobus: latinisierte Form von ▸Jakob.

Jakov: russische Form von ▸Jakob.

Jakub: tschechische, slowakische und polnische Form von ▸Jakob.

Jamal: ▸Djamal.

James [dʒeɪmz]: englische Form von ▸Jakob.

Jamie ['dʒeɪmɪ]: schottische Koseform von ▸James.

Jamil: ▸Djamil.

Jan: niederdeutsche, friesische, niederländische, schwedische, polnische, tschechische Form von ▸Johannes.

Janek: polnische und tschechische Koseform von Jan (▸Johannes).

Janick, (auch:) Janic: Schreibvariante von ▸Janik, ▸Jannik, ▸Yannick.

Janik: slowenische oder eingedeutschte tschechische (Janík)

Koseform von ▸Jan oder Schreibvariante von ▸Jannik, ▸Yannick.

Janis: niederländische und lettische Form von ▸Johannes, auch Schreibvariante von ▸Jannis.

Janko: niederdeutsch-friesische oder slawische (z. B. bulgarische) Koseform von ▸Jan.

Jankó ['jɔŋko]: ungarische Koseform von ▸János.

Jann: niederdeutsch-friesische Variante von Jan (▸Johannes).

Janne: niederdeutsch-friesische, niederländische, norwegische, schwedische, finnische Kurzform von ▸Johannes.

Jannek: Koseform von ▸Jann.

Jannes: niederdeutsch-friesische Kurzform von ▸Johannes.

Janni, (auch:) Janny: Koseform von ▸Jann.

Jannik, (auch:) Jannick; Janic: Ableitung von ▸Johannes, deren genaue Herkunft nicht eindeutig zu ermitteln ist, am ehesten neu belebte niederdeutsch-friesische Koseform von ▸Jann oder Entlehnung des dänischen Vornamens Jannik, der wiederum deutschen oder slawischen Ursprungs sein kann; möglicherweise aber auch eine Schreibvariante des tschechischen Vornamens Janík, des slowenischen Vornamens ▸Janik oder des bretonischen Vornamens ▸Yannick.

Janning: niederdeutsche Koseform von ▸Jan.

Jannis: niederländisch-friesische Kurzform von ▸Johannes.

Jánnis: neugriechische Form von ▸Johannes.

Janno: Ableitung von ▸Jann.

Janny: ▸Janni.

Jano: Ableitung von ▸Jan, auch tschechisch, serbisch, kroatisch oder ungarisch.

János ['ja:noʃ]: ungarische Form von ▸Johannes.

Janosch: eindeutschende Schreibung von ▸János.

Janpeter: Doppelform aus ▸Jan und ▸Peter.

Jans: niederdeutsch-friesische Kurzform von ▸Johannes.

[1]Janus: latinisierte Form von ▸Jan, auch niederländische Kurzform von Adrianus (▸Adrian).

[2]Janus: geht zurück auf den Namen des doppelgesichtigen ...ischen Gottes des Anfangs und des Endes, nach dem der ...at Januar benannt ist.

...ch: eindeutschende Schreibung von ▸Janusz.

Janusz ['januʃ]: polnische Koseform von ▸ Jan.
Jared, engl. Aussprache: ['dʒærɪd]: aus dem Englischen, biblische Herkunft (hebr. yered, yāred von ungesicherter Herkunft; vielleicht zur hebr. Wurzel yrd »herabsteigen«).
Jari: finnische Herkunft, Kurzform von Jalmari (▸ Hjalmar).
Jarik: friesische Koseform von Namen, die mit »Gar-« (vgl. ahd. gēr »Speer«) beginnen.
Jạrmo, (auch:) Jạrno: finnische Form von ▸ Jeremias.
Jaro: Kurzform von ▸ Jaromir und ▸ Jaroslaw.
Jaromir: aus dem Polnischen oder Tschechischen, zu urslaw. *jarъ »kühn, stark, zornig, streng« + urslaw. *mirъ »Frieden«, auch Ersatz für german. mār, mēr »bekannt, berühmt, angesehen«.
Jạron: vielleicht zu griech. hierós »heilig, geheiligt, den Göttern geweiht«.
Jaroslaw, (auch:) Jaroslav: aus dem Polnischen oder Tschechischen, zu urslaw. *jarъ »kühn, stark, zornig, streng« + urslaw. *slava »Ruhm, Ehre«.
Jarvis ['dʒɑːvɪs]: ursprünglich ein englischer Familienname, der auf den aus Frankreich kommenden Rufnamen Ger-

»Starke« Jungennamen

Baldur (»mutig, wehrhaft«) • Bernhard (»stark, kräftig wie ein Bär«) • Björn (»Bär«) • Konrad (»kühn in der Beratung«) • Konstantin (»standhaft«) • Leo (»Löwe«) • Leonhard (»kräftig, stark wie ein Löwe«) • Magnus (»der Große«) • Metin (»stark, vertrauenswürdig«) • Pankraz (»all, ganz« + »Kraft, Macht«) • Pantaleon (»gänzlich ein Löwe«) • Simba (»Löwe«) • Urs (»der Bär«) • Valdis (»Herrscher«) • Valentin (»kräftig, stark«) • Valerius (»kräftig, stark sein«) • Viktor (»Sieger«) • Vincent (»siegend«)

vais(e) (lat. Gervasius) zurückgeht, dessen Etymologie noch ungeklärt ist.

Jascha: Koseform von Jakov, der russischen Form von ▸ Jakob.

Jason: griech. Iásōn, vielleicht zu griech. iáesthai »heilen«. Jason war der Anführer der Argonauten, die nach Kolchis zogen, um das Goldene Vlies zu holen.

Jaspar: niederdeutsche Form von ▸ Kaspar.

Jasper: niederdeutsche, friesische, niederländische und englische Form von ▸ Kaspar.

Javier [xaˈbi̯ɛr]: spanische Form von ▸ Xaver.

¹Jay [dʒeɪ]: angloamerikanische Herkunft, kam auf als Abkürzung von Namen, die mit »J-« beginnen (engl. jay »Jot«), wird inzwischen aber als selbstständiger Vorname gebraucht.

²Jay [dʒaj]: indische Herkunft (sanskrit. jaya »Sieg«).

Jean [ʒã]: französische Form von ▸ Johannes.

Jeff [dʒɛf]: aus dem Englischen übernommene Kurzform von ▸ Jeffrey.

Jeffrey, (auch:) Jeffry [ˈdʒɛfrɪ]: englische Herkunft, Nebenform von ▸ Geoffrey.

Jehiel: biblische Herkunft (hebr. yehīʼēl »möge er leben, o Gott!«); im Alten Testament Name mehrerer Personen.

Jenning: niederdeutsche Koseform von ▸ Johannes.

Jens: dänische und niederdeutsch-friesische Form von ▸ Johannes.

Jeremia: ▸ Jeremias.

Jeremiah, engl. Aussprache: [dʒɛrɪˈmaɪə]: englische Form von ▸ Jeremias.

Jeremias, (überkonfessionelle Form:) Jeremia: aus der Bibel, zu hebr. yimeyāhū »Jahwe erhöht«. Jeremias ist der zweite der vier großen Propheten des Alten Testaments.

Jeremy [ˈdʒɛrɪmɪ]: englische Form von ▸ Jeremias.

Jérôme [ʒeˈroːm]: französische Form von ▸ Hieronymus.

Jerónimo [xeˈronimo]: spanische Form von ▸ Hieronymus.

Jerry [ˈdʒɛrɪ]: aus dem Englischen übernommene Koseform von ▸ Jeremy und ▸ Gerald.

Jerzy [ˈjɛʒi]: polnische Form von ▸ Georg.

Jesaja: biblische Herkunft, zu hebr. yešaʻyāh »Jahwe hat geholfen«. Jesaja, Sohn des Amoz, war einer der ersten großen Unheilspropheten der Weltgeschichte.

Jẹschua: aus der Bibel, zu hebr. yešūa', Kurzform von yehōšūa' »Jahwe ist Retter«.

Jẹsko: zugrunde liegt wohl eine slawische Ableitung von ▸ Johannes oder ▸ Jaroslaw.

Jẹsper: dänische Form von ▸ Kaspar.

Jẹsse: aus der Bibel, über griech. Iessai entstandene lateinische Form von hebr. yišay (wohl »Mann von …«). Überkonfessionelle Form: I̱sai. Nach der Bibel war Isai der Vater Davids und somit einer der Ahnen Jesu.

Jẹsus: griechisch-lateinische Form des hebräischen Namens ▸ Joschua; wurde im deutschen Sprachbereich bis in die Neuzeit aus religiöser Scheu nicht als Vorname vergeben, erscheint dann ganz vereinzelt ab dem 16. Jh., wird ab 1961 in Deutschland gerichtlich als Vorname nicht mehr zugelassen, bis ihn 1998 ein Amtsgericht als Zweitnamen wieder erlaubt.

Jim [dʒɪm]: englische Kurzform von James (▸ Jakob).

Jimmy [ˈdʒɪmɪ]: Koseform von ▸ Jim.

Die schönsten Jungennamen mit der Bedeutung »Glück, glücklich«

Anand (»Glück, Freude«) • Asad (»glücklicher«) • Baruch (»der Gesegnete«) • Beatus (»glücklich«) • Benedikt (»gepriesen, gesegnet«) • Benjamin (»Sohn der rechten Hand, des Glücks«) • Felix (»glücklich«) • Gaudenz (»sich freuend«) • Hilarius (»heiter, fröhlich«) • Isaak (»Gott lächelt [dem Kind] zu«) • Naim (»sorglos, glücklich«) • Noam (»Wonne, Freude, Heiterkeit«) • Said (»glücklich«) • Salomon (»Glück, Wohlergehen, Friede«) • Yaron (»Er wird singen, er wird froh sein«)

Jịri: eindeutschende Schreibung von Jiří, tschechische Form von ▸ Georg.

Jịrka, (auch:) Jịrko: tschechische Koseform von Jiří (▸ Georg).

Jo̱, engl. Aussprache: [dʒoʊ]: Kurzform von Namen, die mit »Jo-« beginnen, besonders von ▸ Johannes. Englisch Jo ist eine Kurzform von ▸ Joseph.

Jọachim, (auch:) Jo̱achim, (überkonfessionelle Form:) Joja̱kim: zu hebr. yōyākīm »Jahwe möge aufrichten«. Nach den neutestamentlichen apokryphen Schriften war Joachim der Mann der heiligen Anna, der Mutter Marias.

Jo̱b: ▸ Hiob.

Jọbst: entstanden aus der Vermischung von ▸ Job und ▸ Jost.

Jọchen, (auch:) Jọchem; Jọchim: Kurzform von ▸ Joachim.

Jọckel: landschaftliche Koseform von ▸ Jakob.

Jodo̱kus, (auch:) Jodo̱k: keltischer (bretonischer) Ursprung, zu kelt. jud »Herr«.

Joe [dʒoʊ]: englische Kurzform von ▸ Joseph.

Jo̱el, (überkonfessionelle Form:) Jo̱ël: aus der Bibel, zu hebr. yō'ēl »Jahwe ist Gott«. Joel war einer der Propheten des Alten Testaments.

Jo̱han: Schreibvariante von ▸ Johann, auch niederländisch.

Jo̱hann, (auch:) Johạnn: verkürzte Form von ▸ Johannes.

Johạnnes, (überkonfessionelle Form:) Johạnan: aus der Bibel, hebräischer Ursprung; griechische Form von hebr. yōḥānān »Jahwe hat Gnade erwiesen«.

[1]Jo̱hn: durch Zusammenziehung entstandene niederdeutsche Form von ▸ Johann.

[2]John [dʒɔn]: englische Form von ▸ Johannes.

Johnny ['dʒɔnɪ]: Koseform von ▸ John.

Jo̱n: durch Zusammenziehung entstandene niederdeutsche Form von ▸ Johann oder Kurzform von ▸ Jonas oder ▸ Jonathan; im Englischen Schreibvariante von ▸ John.

Jo̱nas, (überkonfessionelle Form:) Jo̱na: aus der Bibel, zu hebr. yōnā »Taube«. Nach der Bibel war Jonas ein Prophet. Er wurde vor dem Ertrinken durch einen großen Fisch (Walfisch) gerettet, der ihn verschlang und dann ans Land spie.

Jo̱nathan, (überkonfessionelle Form:) Jo̱natan: aus der Bibel, zu hebr. yōnātān »Jahwe hat gegeben«. Nach der Bibel war Jonathan der älteste Sohn König Sauls.

Jọnne: schwedische Koseform von ▸ Johannes.
Jọnny: Koseform von niederdt. ▸ Jon oder englische Schreibvariante von ▸ Johnny.
Joona: finnische Form von ▸ Jonas.
Joost: ▸ Jost.
Jọ̈ran: Nebenform von schwed. Göran (▸ Georg).
Jọrdan: geht zurück auf den Namen des Flusses in Palästina, in dem Jesus getauft wurde.
Jọrdi, südfranz. Aussprache: [ʒɔrˈdi], katalan. Aussprache: [ˈʒɔrdi]: südfranzösische und katalanische Form von ▸ Georg.
Jọ̈rg, (auch:) Jọrg: Variante von ▸ Georg.
¹Jọrge: Variante von Jorg (▸ Jörg).
²Jorge, span. Aussprache: [ˈxɔrxe], portugies. Aussprache: [ˈʒɔrʒi]: spanische und portugiesische Form von ▸ Georg.
Jọ̈rgen: niederdeutsch-friesische Nebenform von ▸ Jürgen.
Jórgos [ˈjɔrɣɔs]: neugriechische Herkunft, volkstümliche Kurzform von Geórgios (▸ Georg).
Jọrin: friesische/niederländische Ableitung von ▸ Gregor oder ▸ Georg.
Jọris: niederdeutsch-friesische und niederländische Form von ▸ Gregor[ius] oder ▸ Georg.
Jọrk, (auch:) Jọ̈rk: friesische Koseform von Namen, die mit »Eber-«, »Ever-« gebildet sind, die dadurch entstanden ist,

Die schönsten Jungennamen mit der Bedeutung »Leben, lebendig«

Ammar (»lange leben«) • Can (»Seele, Leben«) • Jehiel (»möge er leben, o Gott«) • Chaim (»Leben«) • Khalid (»ein langes Leben genießen«) • Moyo (»Leben, Wohlbefinden, Gesundheit«) • Nassim (»Brise; Lebenshauch«) • Omar (»gedeihen, lange leben«) • Pran (»Atem, Lebenskraft«) • Yaşar (»lebend«)

dass das »E-« zu »Jo-« wurde und das »b-/v-« ausgestoßen wurde. Anschließend wurde ein -k-Suffix angehängt.

Jọ̈rn: durch Zusammenziehung entstandene Form von ▸Jörgen.

Jọs, (auch:) Jọss: verselbstständigte Kurzform von ▸Jodokus, auch Kurzform von Namen, die mit »Jos-« beginnen (z. B. ▸Josef).

[1]Jọscha: eindeutschende Schreibung von ungar. Jósa, Koseform von ▸Josef.

[2]Jọscha: aus der Bibel, hebr. yōšā »Jahwe ist eine Gabe«.

Jọschka: eindeutschende Schreibung von ungar. Jóska, Koseform von ▸Josef; auch russische Koseform von ▸Hiob.

Jọschua: ▸Josua.

José [xoˈse]: spanische Form von ▸Josef.

Jo̲sef, (auch:) Jo̲seph: aus der Bibel, zu hebr. yōsep »hinweggenommen hat Jahwe meine [Rahels] Schmach« oder »Jahwe möge [noch einen Sohn] dazugeben«. Nach der Bibel war Josef der 11. Sohn Jakobs.

Jo̲seph, französ. Aussprache: [ʒoˈsɛf], engl. Aussprache: [ˈdʒoʊsɪf]: ältere Schreibvariante von ▸Josef, auch französisch und englisch.

Josh [dʒɔʃ]: englische Kurzform von Joshua (▸Josua).

Joshua [ˈdʒɔʃwə]: englische Form von ▸Josua.

Josi̲as, (auch:) Josi̲a; (überkonfessionelle Form:) Joschi̲ja: aus der Bibel, zu hebr. yōʼšiyyāh »Jahwe möge gewähren« oder »Jahwe bringt hervor«.

Jọss: ▸Jos.

Jọsse: ursprünglich französische Form von ▸Jodokus.

Jo̲st, (auch:) Jo̲o̲st: geht zurück auf Josse, die altfranzösische Namensform von ▸Jodokus.

Jo̲sua, (auch:) Jo̲schua: aus der Bibel, zu hebr. yehōšūaʼ »Jahwe ist Retter«. Nach der Bibel war Josua Helfer und Begleiter des Mose. Nach dessen Tod führte er Israel ins Westjordanland. Er hieß, bevor Mose ihn umbenannte, ▸Hosea.

Jọvan: serbische Form von ▸Johannes.

Juan [xu̯an]: spanische Form von ▸Johannes.

Ju̲da: aus der Bibel, Etymologie unsicher, vielleicht zur hebr. Wurzel ydh(y) »preisen«. Nach der Bibel war Juda, der Ahnherr des gleichnamigen Stammes, ein Sohn Jakobs u. Leas.

Jụhani: finnische Form von ▸Johannes.

Jules [ʒyl]: französische Form von ▸Julius.

Julian: lateinischer Ursprung, geht zurück auf Julianus, einen von ▸Julius abgeleiteten Beinamen.

Julien [ʒyˈljɛ̃]: französische Form von ▸Julian.

Julio [ˈxulio]: spanische Form von ▸Julius.

Julius: lateinischer Ursprung, altrömischer Geschlechtername. Der bekannteste Angehörige des Geschlechts der Julier ist Gaius Julius Cäsar, dem zu Ehren der siebente Monat des Kalenderjahrs benannt ist: lat. [mēnsis] Jūlius.

Jụpp: rheinische Kurzform von ▸Josef.

Jurek: aus dem Polnischen, Koseform von Jerzy (▸Georg).

Jụ̈rg: oberdeutsche Form von ▸Georg.

Jụ̈rgen: niederdeutsche Form von ▸Georg.

Die schönsten Jungennamen mit religiöser Bedeutung

Amos (»der [von Gott] Getragene«) • Bogdan (»Gottesgeschenk«) • Daniel (»Gott richtet«) • Donat (»der [von Gott] Geschenkte«) • Elias (»mein Gott ist Jahwe«) • Gabriel (»Gott hat sich stark gezeigt« oder »Mann Gottes«) • Immanuel (»mit uns ist Gott«) • Isaak (»Gott lächelt [dem Kind zu]«) • Ismael (»Gott erhörte«) • Jakob (»Gott möge schützen«) • Joel (»Jahwe ist Gott«) • Johannes (»Jahwe hat Gnade erwiesen«) • Jonathan (»Jahwe hat gegeben«) • Matthias (»Gabe Jahwes«) • Nathanael (»Gott hat gegeben«) • Samuel (»Gott ist erhaben«) • Theodor (»Gottesgeschenk«) • Tobias (»Jahwe ist gütig«)

Jurij, (auch:) Juri: russische Form von ▸ Georg.
Jussuf: eindeutschende Form von ▸ Yusuf.
Just: ▸ Justus.
[1]Justin, (auch:) Justin: ▸ Justinus.
[2]Justin ['dʒʌstɪn]: englische Form von ▸ Justinus.
Justinus, (auch:) Justin: lateinischer Ursprung, Weiterbildung von ▸ Justus.
Justus, (auch:) Just: lateinischer Ursprung, lat. iūstus, -a, -um »gerecht; rechtschaffen, redlich«.

K

Kai, (auch:) Kaj; Kay; Cai; Cay: friesische oder nordische Herkunft, Bedeutung umstritten, vielleicht friesische kindersprachliche Form von Garrit (▸ Gerhard) oder Klais (▸ Nikolaus), möglicherweise auch Verkürzung des lateinischen Vornamens Caius, dessen Herkunft noch unbekannt ist.
Kailash: indische Herkunft (sanskrit. Kailāsa), Name eines Berges im Himalaja, wo Kubera, Gott des Reichtums, residiert und sich Schiwas Paradies befindet.
Kajetan, (auch:) Kajetan; Cajetan; Cajetan: zu dem römischen Beinamen Caietanus »aus der Stadt Gaeta, lat. Cāiēta, stammend«.
Kaleb: aus der Bibel, hebräischer Ursprung, wohl Kurzform eines mit dem Element kalb- »Hund« beginnenden Namens, wobei »Hund« entweder zur Selbsterniedrigung des Namensträgers dienen konnte oder im Sinne von »treuer Diener« oder auch als »hundswütig« verstanden wurde.
Kalle: schwedische und finnische Koseform von ▸ Karl.
Kálmán: aus Ungarn stammender Vorname türkischer Herkunft, zu türk. kalmak »bleiben«, etwa »der, der [am Leben]

bleibt«, wurde jedoch mit dem Heiligennamen ▸ Koloman gleichgesetzt.

Kamill: ▸ Camillus.

Kamillo: ▸ Camillo.

Kamillus: ▸ Camillus.

Karel: tschechische und niederländische Form von ▸ Karl.

Karim: zu arab. karīm »wohltätig, großmütig«. Karim ist eine der Bezeichnungen des Propheten Mohammed.

Karl, (auch:) Carl: alter deutscher Vorname, Herkunft umstritten, zu ahd. kar[a]l »Mann, Ehemann« oder Koseform eines mit ahd. heri »Heer; Heerführer, Krieger« gebildeten Namens, dem die romanische Koseendung »-olus« angehängt wurde. Karl ist häufig Bestandteil von Doppelformen wie z. B. Karlheinz (▸ Heinz) und Karldieter (▸ Dieter).

Karlo: eindeutschende Schreibweise von ▸ Carlo.

Karol: polnische Form von ▸ Karl, auch Schreibvariante ▸ Carol.

Karolus: ▸ Carolus.

Karsten, (auch:) Carsten: niederdeutsche Form von ▸ Christian.

Kasimir, (auch:) Casimir: aus dem Polnischen (Kazimierz), zu urslaw. *kaziti »verderben, vernichten« + urslaw. *mirъ »Frieden«, auch Ersatz für german. *mār, mēr »bekannt, berühmt, angesehen«.

Kaspar, (auch:) Caspar; Casper; Kasper; Jasper; Jaspar: zu altpers. kandschwar »Schatzmeister«, zu altpers. gandsch »Schatz«, davon abgeleitet lat. gaza »Schatzkammer, besonders orientalischer Fürsten«.

Kassian: ▸ Cassian.

Kastor, (auch:) Castor: griechischer Ursprung. Nach der griechischen Sage war Kastor einer der Dioskuren.

Kay: Schreibvariante von ▸ Kai.

Kaya: zu türk. kaya »Fels«.

Kazuo: japanische Herkunft (japan. kazu »Frieden« + japan. o »Mann«).

Keanu [kɪˈænu]: hawaiische Herkunft, hawaiisch ke anu »der Kühle«.

Kees: ▸ Cees.

Keith [ki:θ]: aus dem Englischen übernommen, geht zurück auf einen schottischen Orts- und Familiennamen.

Kẹlly: ursprünglich ein englischer Familienname, dem der irische Familienname O'Ceallaigh »Nachkomme des Ceallach« oder ein schottischer Ortsname zugrunde liegen kann.

Kẹlvin: geht zurück auf einen schottischen Flussnamen, Kelvin kam in England vielleicht unter dem Einfluss von Namen wie ▸ Calvin und ▸ Melvin auf.

Kemạl: zu türk. kemâl »Vollkommenheit« .

Kẹn: Kurzform von ▸ Kenneth.

Ke̱nan: aus der Bibel, zu hebr. qēnān, wohl zu hebr. qayin »Lanze«, in übertragenem Sinn »Schmied« + Verkleinerungsendung -ān, also »kleiner Schmied«.

Kenneth ['kɛnɪθ]: aus dem Englischen, keltischer Ursprung, von zwei gälischen Namen ableitbar: Cinaed (wahrscheinlich »aus Feuer geboren«) und Coinneach (»hübsch«).

Kẹnny: Koseform von ▸ Kenneth.

Kẹnt: ursprünglich ein Familienname, der jemanden bezeichnete, der aus der Grafschaft Kent stammte.

Kerịm: türkische Form von ▸ Karim.

Kẹrst: verkürzte Form von ▸ Kersten.

Kẹrsten: niederdeutsche Form von ▸ Christian.

Kẹvin: irischer Ursprung, zugrunde liegt der gälische Name Caoimhín, ursprünglich ein Beiname (Verkleinerungsform zu gäl. caomh »anmutig«).

Khalid ['xa:lid]: arabische Herkunft (arab. khālid »unsterblich, ewig« zu arab. khalada »immer bleiben, ein langes Leben genießen«). Türk. Form: Halịt.

Kieran, (auch:) Kieren; Kieron ['kɪərən]: englische Form des irischen Namens Ciarán (zu gäl. ciar »schwarz«).

Ki̱lian: geht zurück auf den Namen des heiligen Kilian, zu altir. killena »Kirchenmann«, eines irischen Missionars, der im 7. Jh. als Wanderbischof nach Würzburg kam.

[1]Kịm: englische Herkunft, Kurzform von Kimball, ursprünglich ein Familienname, oder von Kimberley, dem ein Ortsname bzw. der davon abgeleitete Familienname zugrunde liegt.

[2]Kịm: russische, schwedische, norwegische Kurzform von ▸ Joachim.

Kiran: indische Herkunft (sanskrit. kiraṇa »Staub; Strahl«, später »Lichtstrahl«, besonders »Sonnen-, Mondstrahl«).

Kirk [kə:k]: schottische/englische Herkunft, ursprünglich ein Familienname nach dem Wohnsitz bei einer Kirche, zu altnord. kirkja »Kirche«.

Kirsten: niederdeutsche Form von ▸ Christian.

Kjell: schwedische und norwegische Kurzform von ▸ Kjetil.

Kjetil: zu altnord. ketill »[Opfer]kessel« oder »Helm«.

Klaas, (auch:) Claas: niederdeutsche und niederländische Kurzform von ▸ Nikolaus.

Klas, (auch:) Clas: Kurzform von ▸ Nikolaus.

Klaudius: ▸ Claudius.

Klaus, (auch:) Claus: Kurzform von ▸ Nikolaus. Klaus ist auch Bestandteil von Doppelformen wie z. B. Klausdieter (▸ Dieter).

Klemens: ▸ Clemens.

Knut, (auch:) Knud: aus dem Nordischen, Herkunft unklar, vielleicht aus dem Deutschen entlehnt (vgl. mhd. knūȥ »waghalsig, vermessen, keck« oder ahd. kind »Sohn, Nachkomme«) oder zu altnord. knútr »Knute«.

Kolja: russische Koseform von Nikolai (▸ Nikolaus).

Koloman, (auch:) Koloman: geht zurück auf Columbanus (zu lat. columba »Taube«), die latinisierte Form des irischen Klosternamens Colum (vgl. auch ▸ Callum).

Die schönsten internationalen Formen von Johannes

Giovanni (italienisch) • Hans (deutsch) • Ioánnis (griechisch) • Ion (rumänisch) • Iwan (russisch) • Janis (lettisch) • János (ungarisch) • Jean (französisch) • Jens (dänisch) • John (englisch) • Jovan (serbisch, kroatisch) • Juan (spanisch) • Juhani (finnisch) • Wanja (russisch)

Konrad, (auch:) Conrad: alter deutscher Vorname, zu ahd. kuoni »kühn, tapfer« + ahd. rāt »Rat, Beratung, Ratgeber«, etwa »kühn in der Beratung«.

Konradin, (auch:) Conradin: Koseform von ▸ Konrad.

Konstantin, (auch:) Constantin: lateinischer Ursprung, geht zurück auf den römischen Beinamen Constantinus, eine Weiterbildung von Constantius (zu lat. cōnstāns »standhaft«).

Korbinian, (auch:) Korbinian; Corbinian: Erweiterung zu lat. corvus »Rabe«, vermutlich eine durch die lat. Endung »-īniānus« erweiterte Übersetzung des häufig vorkommenden Namens Hraban »Rabe«.

Kord, (auch:) Cord; Cordt: niederdeutsche Kurzform von ▸ Konrad.

Kornel: ▸ Cornelius.

Kornelius: ▸ Cornelius.

Kosmas, (auch:) Cosmas: zu griech. kósmios »geschmückt, wohlgeordnet, bedacht«.

Kosta: russische, serbische, kroatische Koseform von ▸ Konstantin.

Kóstas: neugriechische Koseform von ▸ Konstantin.

Kostja: russische Koseform von ▸ Konstantin.

Kris: Schreibvariante von ▸ Chris.

Krischan: niederdeutsche Form von ▸ Christian.

Krischna, (auch:) Krishna: indischer Ursprung, Bedeutung »der Dunkle, der Blauschwarze«, geht zurück auf den mythischen indischen Helden Krischna, der als achte Erscheinung des Gottes Wischnu gilt. Krischna wird in der Kunst immer mit dunkelblauer Hautfarbe dargestellt.

Krister: nordische Nebenform von ▸ Christian. Lett. Form: Kristers.

Kristian: (vorwiegend skandinavische) Schreibvariante von ▸ Christian.

Kristof: (vorwiegend skandinavische) Schreibvariante von ▸ Christoph.

Kristoffer: (vorwiegend skandinavische) Schreibvariante von ▸ Christopher.

Kumar: indische Herkunft (sanskrit. kumāra »Junge; Sohn«).

Kụno: alter deutscher Vorname, verselbstständigte Kurzform von ▸ Konrad.

Kụrt, (auch:) Cụrt; Cụrd: alter deutscher Vorname, verselbstständigte Kurzform von ▸ Konrad.

Kyrịll: ▸ Cyrillus.

Ky̲ros: ▸ Cyrus.

L

La̲dislaus, (auch:) La̲dislav; La̲dislaw: lateinische Form von poln. Władysław, tschech. Vlạdislav, Lạdislav (urslaw. *vold- »herrschen« + urslaw. *slava »Ruhm, Ehre«).

Lạis, (überkonfessionelle Form:) Lạjisch: aus der Bibel, zu hebr. layiš »Löwe«.

Lajos [ˈlɔjoʃ]: ungarische Form von ▸ Ludwig.

Lạmbert, (auch:) Lạmmert: jüngere Form von Lambrecht/Lamprecht (ahd. lant »Land« + ahd. beraht »glänzend«).

Lambẹrtus: latinisierte Form von ▸ Lambert.

Lạncelot, (auch:) Lạnzelot: geht zurück auf den Namen des Ritters aus den Artussagen, der als Muster höfischer Tugenden galt. Der Name ist wahrscheinlich eine mit zweifachem französischen Suffix (-el + -ot) erweiterte Koseform zu dem

Die schönsten Kurz- und Koseformen von Johannes

Hanke • Hanḳo • Hannes • Hanno • Hansi • Jannes • Janni • Janning • Janno • Jans

germanischen Namen Lanzo, der Koseform eines mit lant »Land« gebildeten Namens.

Lando: alte Kurzform von Namen, die mit »Land-« gebildet sind (z. B. ▸ Landolf und ▸ Lambert).

Landolf: alter deutscher Vorname, zu ahd. lant »Land« + ahd. wolf »Wolf«.

Lanzelot: Schreibvariante von ▸ Lancelot.

Larry ['læ...]: englische Kurzform von Laurence, Lawrence (▸ Laurentius).

Lars: schwedische, dänische und norwegische Form von ▸ Laurentius.

Lasar: Nebenform von Lazar (▸ Lazarus).

Laslo: eindeutschende Schreibung von ungar. László (▸ Ladislaus).

Lasse: schwedische und norwegische Koseform von ▸ Lars.

László ['la:slo:]: ungarische Form von ▸ Ladislaus.

Latif: arabischer Ursprung, gekürzte Form von Abd-el-Latif (arab. ʻabd »Diener« + arab. al latîf »der Gütige, Sanftmütige«, einer der Beinamen Allahs: »Diener [Gottes,] des Gütigen«).

Lauren ['lɔ:rən]: englische Herkunft, Kurzform von ▸ Laurence.

Laurence ['lɔrəns]: englische Form von ▸ Laurentius.

Laurens: schwedische Form von ▸ Laurentius.

Laurent [lo'rã]: französische Form von ▸ Laurentius.

Laurentius, (auch:) Laurenz; Lorenz: lateinischer Ursprung, geht zurück auf den römischen Beinamen Laurentius (»der aus der Stadt Laurentum Stammende«), schon früh durch volkstümliche Anlehnung an lat. laurus »Lorbeer; Lorbeerkranz« zu »der Lorbeerbekränzte« umgedeutet.

Lauri: Koseform von Laurenz (▸ Laurentius), auch englisch ['lɔrɪ], schwedisch, finnisch.

Laurids ['lau̯ris]: dänische Variante von ▸ Laurits.

Laurin: Herkunft und Bedeutung unklar. Laurin ist der Name des Zwergenkönigs in der Heldendichtung um Dietrich von Bern.

Laurits, (auch:) Lauritz: dänische Form von ▸ Laurentius, auch norwegisch. Dänische Aussprache: ['lau̯ris].

Lawrence ['lɔrəns]: englische Form von ▸ Laurentius.

Lazarus, (auch:) Lazar; Lasar: aus der Bibel, latinisierte Form von hebr. la'zār, einer Abkürzung von 'ēl-'āzār »dem Gott hilft«. Eine biblische Gestalt ist der arme Lazarus, der im Mittelalter der Patron der Bettler und Armen war.

Leạnder: wohl zu griech. laós, leṓs »Volk« und anḗr, andrós »Mann«.

Leạndro: italienische und spanische Form von ▸ Leander.

Lee, (auch:) Leigh [li:]: ursprünglich ein englischer Familienname, dem ein Örtlichkeitsname zu altengl. lēah »Wald; Lichtung; Wiese« zugrunde liegt.

Leif: nordische Kurzform von Zusammensetzungen mit -leifr »Erbe, Hinterlassenschaft«.

Leigh: ▸ Lee.

Lẹn: englische Kurzform von Leonard (▸ Leonhard).

Lenard: ▸ Lennard.

Lenert: ▸ Lennert.

Lenhard: ▸ Leonhard.

Lẹnnard, (auch:) Lenard: englische Nebenform von ▸ Leonard.

Lẹnnart: schwedische Form von ▸ Leonhard.

Lẹnnert: niederdeutsche Form von ▸ Leonhard.

Lẹnny: englische Koseform von Leonard (▸ Leonhard).

^{1}**Leo:** griechischer und lateinischer Ursprung, geht zurück auf den spätrömischen Beinamen Leo (lat. leo »Löwe«).

^{2}**Leo:** Kurzform von ▸ Leonhard und ▸ Leopold.

Leon: Variante von ▸ ^{1}Leo oder Kurzform von ▸ Leonhard.

Léon [leˈɔ̃]: französische Form von ▸ ^{1}Leo.

Leonard, (auch:) Lẹnnard; Lenard [ˈlɛnəd]: englische Form von ▸ Leonhard.

Léonard [leoˈna:r]: französische Form von ▸ Leonhard.

Leonạrdo: italienische Form von ▸ Leonhard.

Leonhard: im romanisch-germanischen Mischgebiet des Frankenreichs entstanden, roman. *leon(e) < lat. leo, leōnis »Löwe« + german. *hardu »hart, kräftig, stark«, etwa »stark wie ein Löwe«.

Leonid: zum Personennamen Léōn, aus griech. léōn »Löwe« mit dem patronymischen Suffix -ídēs, also »Sohn des Leon«.

Leopold, (auch:) Luitpold: alter deutscher Vorname, der auf die Latinisierung von ▸ Luitpold zurückgeht.

Lẹslie: aus dem Englischen, zugrunde liegt ein schottischer

…rts- und Familienname; ursprünglich männl. Vorname, seit den 1960er-Jahren in den USA häufiger als Mädchenname verwendet.

Lester: phonetische Schreibung des englischen Orts- und Familiennamens Leicester, Verwendung als Vorname seit dem 19. Jh.

Lev: ▸ Lew.

Levente ['lɛvɛntɛ]: ungarische Herkunft (zu ungar. lenni »sein«, etwa »der Seiende, Existierende«). Der Name wurde im 19. Jh. wiederbelebt.

Levi, (auch:) Levy: aus der Bibel, hebräischer Ursprung, wird in der Bibel volksetymologisch mit der Wurzel lwh »sich anschließen« in Verbindung gebracht, Urbedeutung möglicherweise »Anhänger, Verehrer des Gottes…«.

Levin, (auch:) Lewin: niederdeutscher Vorname, zu altsächs. liof »lieb, wert, freundlich« + altsächs. wini »Freund«.

Levy: Schreibvariante von ▸ Levi.

Lew, (auch:) Lev [ljɛf]: russische Form von ▸ Leo.

Lewin: ▸ Levin.

Lewis ['lu:ɪs]: englische Form von ▸ Ludwig.

Lex: Kurzform von ▸ Alexander oder ▸ Alexis, auch englisch.

Li: chinesische Herkunft, Bedeutung »Pflaumenbaum«.

Liam ['li:əm]: ursprünglich irische Kurzform von William (▸ Wilhelm).

Lian: chinesische Herkunft, Bedeutung »anmutiger Weidenbaum«.

Lienhard: oberdeutsche Nebenform von ▸ Leonhard.

Linnart: ▸ Lennart.

Lino: italienische Form von ▸ Linus oder Kurzform von Namen auf »-lino« (z. B. ▸ Angelino).

Linus: griechische/lateinische Herkunft, Bedeutung unklar. In der griechischen Mythologie war Línos, Sohn des Apollon, Lehrer des Herakles in der Musik.

Lion: Variante von ▸ Leo(n).

Lionel, (auch:) Lyonel ['laɪənl]: aus dem Englischen, geht zurück auf eine altfranzösische Koseform von ▸ Léon.

Livio: italienische Form von ▸ Livius.

Livius: lateinischer Ursprung, geht zurück auf einen römischen Geschlechternamen ungeklärter Herkunft und Bedeutung.

Lloyd [lɔɪd]: englische Schreibweise eines ursprünglich walisischen Vor- und Familiennamens (zu walisisch llwyd »grau«).

Logan ['loʊgən]: aus dem Englischen entlehnter Vorname, ursprünglich ein schottischer Orts- und Familienname.

Loic: aus dem Französischen (Loïc), wohl Koseform von Loeiz, der bretonischen Form von ▸ Louis.

Lois: Kurzform von ▸ Alois.

Loren: Kurzform von ▸ Lorenz, auch englische Variante von ▸ Lauren.

Lorenz: deutsche Form von ▸ Laurentius.

Lorenzo: italienische Form von ▸ Laurentius.

Lorin ['lɔrɪn]: englische Variante von ▸ Loren.

Loris: italienische männliche Bildung zu Lora, Kurzform von Eleonora (altprovenzalische Herkunft, unsichere Etymologie) oder Nebenform von Laura (zu lat. laurea »Lorbeerbaum, Lorbeerkranz«).

Lorne [lɔ:n]: nach dem schottischen Ortsnamen Lorn.

Lothar, (selten auch:) Lotar: alter deutscher Vorname, zu ahd. hlūt »laut, berühmt« + ahd. heri »Heer; Heerführer, Krieger«.

Lou [lu:]: Kurzform von ▸ Louis.

Louis, deutsche und englische Aussprache ['lu:ɪs], französische Aussprache [lwɪ]: französische Form von ▸ Ludwig, auch im Englischen und Deutschen geläufig.

Lovis: niederdeutsche Form von ▸ Louis.

Die schönsten internationalen Formen von Franz

Ferenc (ungarisch) • *Francesco (italienisch)* • *Francis (englisch)* • *Francisco (spanisch)* • *François (französisch)* • *Frans (niederländisch)* • *František (tschechisch)*

Lu: Kurzform von ▸ Ludwig.
Luc [lyk]: französische Form von ▸ Lukas.
Luca: italienische Form von ▸ Lukas.
Lucas: ▸ Lukas.
Lucian, (auch:) Luzian: geht zurück auf den römischen Beinamen Lucianus, Weiterbildung von ▸ Lucius.
Luciano [lu'tʃa:no]: italienische Form von Lucianus (▸ Lucian).
Lucien [ly'sjɛ̃]: französische Form von Lucianus (▸ Lucian).
Lucio ['lu:tʃo]: italienische Form von ▸ Lucius.
Lucius, (auch:) Luzius: geht zurück auf einen alten, sehr verbreiteten römischen Vornamen (Praenomen), zu lat. lūx »Licht«, also »der Lichte, der Glänzende« oder »der bei Tagesanbruch Geborene«.
Ludewig: ▸ Ludwig.
Ludger: niederdeutsche Form von Liutger (ahd. liut »Volk« + ahd. gēr »Speer«).
Ludo: Kurzform von Namen, die mit »Lud-« (z. B. ▸ Ludolf) gebildet sind.
Ludolf: zu ahd. liut »Volk« + ahd. wolf »Wolf«.
Ludwig, (auch:) Ludewig: alter deutscher Vorname, zu ahd. hlūt »laut, berühmt« + ahd. wīg »Kampf, Krieg«; etwa »berühmter Krieger«.
Ludwin: ▸ Luitwin.
Luigi [lu'i:dʒi]: italienische Form von ▸ Ludwig.
[1]Luis: eindeutschende Schreibung von französ. ▸ Louis.
[2]Luis: spanische Form von ▸ Ludwig.
Luitpold, (auch:) Lupold; Leopold: alter deutscher Vorname, zu ahd. liut »Volk« + ahd. bald »kühn«.
Luitwin, (auch:) Ludwin; Lutwin: alter deutscher Vorname, zu ahd. liut »Volk« + ahd. wini »Freund«.
Luka: russische, serbische, kroatische Form von ▸ Lukas oder Eindeutschung von italienisch ▸ Luca.
Lukas, (auch:) Lucas: lateinischer Ursprung, mit dem griechischen Suffix »-âs« gebildete Ableitung von ▸ Lucius (etwa »der große Lúkios/Lucius«).
Luke [lu:k]: englische Form von ▸ Lukas.
Lupold: ▸ Luitpold.
Lutwin: ▸ Luitwin.
Lutz: Koseform von ▸ Ludwig.

Luzian: ▸ Lucian.
Luzius: ▸ Lucius.
Lyonel: ▸ Lionel.
Lysander: lateinische Form des griechischen Namens Lýsandros (zu griech. lýō »lösen, befreien« und griech. anḗr, andrós »Mann«, etwa »der Männer Befreiende«).

M

Maarten: niederdeutsch-friesische und niederländische Form von ▸ Martin.
Mads: dänische Kurzform von ▸ Matthias oder ▸ Matthäus.
Madu: aus Nigeria, bedeutet in der Ibo-Sprache »Volk«.
Magnus: zu lat. māgnus »groß«.
Mahavir: indische Herkunft (sanskrit. mahā »groß« + sanskrit. vīra »Held«: »großer Held«), Beiname der Götter Indra und Wischnu.
Mahmut [maxˈmut]: türkische Form des arabischen Namens Maḥmūd (»der Lobenswerte, der Gepriesene«, zu arab. ḥamida »loben, rühmen, preisen«, einer der Beinamen des Propheten Mohammed).
Maik: eindeutschende Schreibung von ▸ Mike.
Maiko: ▸ Meiko.
Maksim: russische Form von ▸ Maximus.
Malcolm, engl. Aussprache: [ˈmælkəm]: aus dem Englischen, geht zurück auf gäl. maol-Columb »Diener/Schüler des [heiligen] Columba« (▸ Callum).
[1]**Malik:** gekürzte Form von Abd-el-Malik (arab. ʻabd »Diener« + arab. al mālik »der Besitzer, König« zu arab. malaka »besitzen«, einer der Beinamen Allahs: »Diener [Gottes,] des Königs«).
[2]**Malik:** bulgarische Koseform von Namen wie z. B. Malomir (urslaw. *malь »klein« + urslaw. *mirь »Friede«).

Malte: aus dem Dänischen, geht zurück auf eine alte deutsche Kurzform von Helmolt (ahd. helm »Helm« + ahd. -walt zu waltan »walten, herrschen«).

Malvin: ▸ Melvin.

Malwin: Eindeutschung von ▸ Malvin, vielleicht auch Wiederaufnahme einer jüngeren Form des deutschen Vornamens Madalwin (zu got. maþl »festes Wort, Verhandlung, Versammlung« + ahd. wini »Freund«).

Manfred, (auch:) Manfried: normannische Form von Manfried (ahd. man »Mann« + ahd. fridu »Schutz vor Waffengewalt, Friede; Friedenswahrer«).

Manhard, (auch:) Manhart: alter deutscher Vorname (ahd. man »Mann« + ahd. harti, herti »hart, kräftig, stark«).

Mani: indische Herkunft (sanskrit. maṇi »Kleinod, Juwel«).

Manólis: griechische Form von ▸ Immanuel.

Manolo, (auch:) Manolito: spanische Koseformen von ▸ Manuel.

Manuel: spanische Form von ▸ Immanuel.

Marbert: alter deutscher Vorname (ahd. marah »Pferd« + ahd. beraht »glänzend, berühmt«).

Marc: französische und katalanische Form von ▸ Markus.

Marcel [...'sɛl]: französische Form von ▸ Marcellus.

Marcell: ▸ Marcellus.

Marcellino [martʃel'li:no]: italienische Form von ▸ Marcellinus.

Marcellinus: Weiterbildung von ▸ Marcellus.

Marcello [mar'tʃɛlo]: italienische Form von ▸ Marcellus.

Marcellus, (auch:) Marzellus; Marcell; Marzell: lateinischer Ursprung; der Name ist eine Weiterbildung zu lat. Marcus (▸ Markus).

Marcin ['martçin]: polnische Form von ▸ Martin.

Marco: italienische Form von ▸ Markus.

Marcos: spanische Form von ▸ Markus.

Marcus: ▸ Markus.

Marek: polnische, slowakische und tschechische Form von ▸ Markus.

Marian, (auch:) Marianus: deutsche Form des römischen Beinamens Marianus, einer Weiterbildung von ▸ Marius, oder eine männliche Bildung zu Maria, griechische und lateinische Form von hebräisch (aramäisch) Mirjām, dessen Herkunft noch nicht sicher geklärt ist.

Mariano: italienische und spanische Form von ▸ Marian.

Marianus: ▸ Marian.

Marijan: serbische, kroatische, slowenische Form von ▸ Marian.

Marino: italienische Form von ▸ Marinus.

Marinus: lateinischer Ursprung, geht zurück auf den römischen Beinamen Marinus, eine Ableitung von ▸ Marius, wurde aber bereits in spätrömischer Zeit in Verbindung gebracht mit lat. marīnus »am Meer lebend«.

Mario: italienische und spanische Form von ▸ Marius.

Maris: Variante von ▸ Marius.

Marius: lateinischer Ursprung, geht zurück auf einen altrömischen Geschlechternamen.

[1]Mark: deutsche und englische Form von ▸ Markus.

[2]Mark, (auch:) Marke: Kurzform von ▸ Markolf, ▸ Markward.

Marko: eindeutschende Schreibung von ▸ Marco.

Markolf: alter deutscher Vorname, zu ahd. marcha »Grenze« + ahd. wolf »Wolf«.

Markus, (auch:) Marcus: lateinischer Ursprung, geht zurück auf den Vornamen (Praenomen) Mārcus (aus älterem Mārtkos »dem Mars zugehörig, geweiht«), wurde ursprünglich den im »Mēnsis Mārtius« (März) Geborenen als Name gegeben.

Markward, (auch:) Markwart: alter deutscher Vorname, zu ahd. marcha »Grenze« + ahd. wart »Hüter, Schützer«.

Marlin ['mɑ:lɪn]: aus dem Englischen, Variante von ▸ Merlin.

Marlon: aus dem Angloamerikanischen; zugrunde liegt vielleicht eine altfranzös. Koseform von Marc (▸ Markus).

Marnin: neuhebräische Herkunft (neuhebr. marnin »erfreuend, erfreulich«).

Marten: niederdeutsche Form von ▸ Martin.

Martin: lateinischer Ursprung, geht zurück auf den römischen Beinamen Martinus (zu lat. Mārs, -tis, dem Namen des Kriegsgottes).

Martino: italienische Form von ▸ Martin.

Marty: englische Koseform von ▸ Martin.

Marvin, (auch:) Marvyn: aus dem Englischen; zugrunde liegt

in

lisische Name Merfyn, aus dem mehrere englische ennamen hervorgegangen sind.

Marwin: alter deutscher Vorname, zu ahd. māri »bekannt, berühmt, angesehen« + ahd. wini »Freund« oder Eindeutschung von ▸ Marvin.

Marzell, (auch:) Marcell: deutsche Form von ▸ Marcellus.

Marzellus: ▸ Marcellus.

Massimo: italienische Form von ▸ Maximus.

Mateo: spanische Form von ▸ Matthäus.

Mathew: ▸ Matthew.

Mathias: Schreibvariante von ▸ Matthias, auch dänisch.

Mathieu [maˈtjø]: französische Form von ▸ Matthäus.

Mathis, (auch:) Mattis; Matthis: verkürzte Form von ▸ Matthias.

Mats: schwedische Kurzform von ▸ Matthias.

Matteo: italienische Form von ▸ Matthäus.

Mattes, (auch:) Matthes: verkürzte Form von ▸ Matthäus.

Matthäus: geht zurück auf die griechische/lateinische Form von hebr. Mattai, Kurzform von hebr. mattanyāh »Gabe Jahwes«.

Matthew [ˈmæθjuː]: englische Form von ▸ Matthäus.

Matthias: griechische Kurzform von Mattatías, zu hebr. mattityāh »Gabe Jahwes«.

Matthieu: ▸ Mathieu.

Matthis: ▸ Mathis.

Matti: finnische Form von ▸ Matthias.

Mattias: ▸ Matthias.

Maurice, französ. Aussprache: [moˈris], engl. Aussprache: [ˈmɔrɪs]: französische und englische Form von ▸ Moritz.

Mauritius: ▸ Moritz.

Maurits: niederländische, norwegische und schwedische Form von ▸ Moritz.

Mauritz: ▸ Moritz.

Maurizio: italienische Form von ▸ Moritz.

Mauro: italienische Form von ▸ Maurus.

Maurus: lateinischer Ursprung, geht zurück auf einen römischen Beinamen (lat. maurus »der aus Mauretanien Stammende, der Mohr«).

Max: Kurzform von ▸ Maximilian.

Maxim: deutsche Form des römischen Beinamens Maximus (lat. māximus, -a, -um »der Größte«).

Maxime [mak'sim]: französische Form von ▸ Maximus.

Maximilian: geht zurück auf die vulgärlateinische Form (Maximilianus) des römischen Beinamens Maximillianus, einer Bildung zu lat. māximus »der Größte«.

Maximilien [maksimi'ljɛ̃]: französische Form von ▸ Maximilian.

Maximin: deutsche Form von Maximinus, einem römischen Beinamen zu lat. māximus, -a, -um »der Größte«.

Maximo: spanische Form (Máximo) von ▸ Maxim.

Mehmet: türkische Form von ▸ Mohammed.

Meik, (auch:) Maik: eindeutschende Schreibung von engl. ▸ Mike.

Meiko: niederdeutsch-friesische Koseform von Namen, die mit »Mein-« gebildet sind (z. B. ▸ Meinhard).

Meinhard, (auch:) Meinard; Meinert: alter deutscher Vorname, zu ahd. magan, megin »Kraft, Stärke, Macht« + ahd. harti, herti »hart, kräftig, stark«.

Mel: englische Kurzform von ▸ Melvin.

Melchior: zu hebr. *Melki'or, zu hebr. mäläk »König« und ōr »Licht«, etwa »König [Jahwe] ist Licht«. Melchior ist einer der Heiligen Drei Könige.

Melek: türkische Form von ▸ ¹Malik.

Melvin, (auch:) Melvyn; Malvin ['mæ...]: aus dem Englischen,

Die schönsten internationalen Formen von Nikolaus

Nicholas (englisch) • Nicolas (französisch) • Nicola, Nicoló (italienisch) • Mikołaj (polnisch) • Miklós (ungarisch)

Kurzformen: Klaus (deutsch) • Nikos (neugriechisch) • Kolja (russisch) • Colin, Nick (englisch) • Klaas (niederländisch) • Nico (italienisch)

Rückbildung aus dem weibl. Vornamen Melvina: geht zurück auf den Namen Malvina aus »The Works of Ossian« von James MacPherson (möglicherweise in Anlehnung an gäl. maol-mhin »glatte Augenbraue«).

Melwin: Eindeutschung von ▸ Melvin.

Merlin, aus dem Englischen, stammt aus dem Sagenkreis um den walisischen König Artus, geht zurück auf die entstellende Latinisierung von kelt. (walis.) Myrddin, Merddin (wohl mit der Bedeutung »Hügel am Meer, Düne«).

Merten: niederdeutsche Form von ▸ Martin.

Mervyn: aus dem Englischen, walisischer Ursprung ▸ Marvin.

Merwin: Eindeutschung von ▸ Mervyn oder Variante von ▸ Marwin.

Metin: zu türk. metin »stark, vertrauenswürdig« aus gleichbedeutend arab. matīn.

[1]Micha: aus der Bibel, zu hebr. mīkā, Kurzform von mīkā'ēl »wer ist wie Gott?« oder mīkāyāhū »wer ist wie Jahwe?«.

[2]Micha: Kurzform von ▸ Michael.

Michael: aus der Bibel, zu hebr. mīkā'ēl »wer ist wie Gott?«, auch englisch [maɪkl].

Michail [mixa'il]: russische Form von ▸ Michael.

Michal: tschechische Form von ▸ Michael, auch Eindeutschung von poln. Michał.

[1]Michel: deutsche Form von ▸ Michael.

[2]Michel [mi'ʃɛl]: französische Form von ▸ Michael.

Michele [mi'kɛle]: italienische Form von ▸ Michael.

Mick: englische Kurzform von ▸ Michael.

Mickey: englische Koseform von ▸ Michael.

Miguel [mi'gɛl]: spanische Form von ▸ Michael.

Mika: Kurzform von ▸ Mikael.

Mikael: nordische Form von ▸ Michael.

Mike [maɪk]: aus dem Englischen, Kurzform von ▸ Michael.

Mikis: von der griechischen Insel Chios stammende Kurzform von ▸ Michael.

Mikko: finnische Form von ▸ Michael.

Miklas: geht zurück auf eine Kurzform von poln. Mikołaj bzw. tschech. Mikoláš (▸ Nikolaus) zurück.

Miklós ['mikloːʃ]: ungarische Form von ▸ Nikolaus.

Mịkolai: eindeutschende Schreibung von Mikołaj, der polnischen Form von ▸ Nikolaus.
Mịlan: tschechische Herkunft, zu urslaw. *milъ »lieb, teuer« + Endung -an.
Miles, (auch:) Myles [maɪlz]: in den 1960er-Jahren aus dem Englischen entlehnt, wohl zu einem Namen aus german. *mel »lieb, mild«), der mit den normannischen Eroberern nach England gelangte.
Milian: Kurzform von ▸ Maximilian.
Mịlko: Kurzform von ▸ Miloslaw/Miloslav.
Milo: Kurzform von ▸ Miloslaw/Miloslav.
Miloslaw, (auch:) Miloslav: aus dem Polnischen (Miłọsław), Russischen oder Tschechischen (Mịloslav), zu urslaw. *milъ »lieb, teuer« + urslaw. *slava »Ruhm, Ehre«.
ˈMio: wurde durch das Kinderbuch »Mio, mein Mio« (1954) von Astrid Lindgren bekannt.
Mịrco: italienische Schreibweise von ▸ Mirko.
Mịrjan: bulgarische Bildung zu einer Kurzform von Namen wie Miroslav (▸ Miroslaw).
Mịrko: Koseform von ▸ Miroslaw/Miroslav.
Mịro: zugrunde liegen kann u. a. eine italienische Kurzform von Miroslavo (▸ Miroslaw), Vladimiro (▸ Wladimir).
Miroslaw, (auch:) Miroslav: aus dem Polnischen (Mirọsław) oder Tschechischen/Slowenischen/Serbischen/Kroatischen (Mịroslav), zu urslaw. *mirъ »Friede« + urslaw. *slava »Ruhm, Ehre«.
Mịscha, (auch:) Mịschka: aus dem Russischen, Koseform von Michail (▸ Michael).
Mịtja: russische Herkunft, Koseform von ▸ Dimitri.
Mohạmmed, (auch:) Mohạmed: zu arab. muḥammad »preiswürdig« zu arab. ḥamida »preisen«; als Name des Propheten Mohammed, des Begründers des Islam, der beliebteste männliche Vorname in der gesamten islamischen Welt.
Mohạn: indische Herkunft (sanskrit. mohana »der Bezaubernde, der Verzaubernde«), einer der Beinamen Krischnas.
Moreno: aus dem Italienischen, geht zurück auf spanisch moreno, morena »braun«. In Spanien sind Moreno/Morena aber keine Vornamen.

Morgan [ˈmɔːgən]: aus dem Englischen, geht zurück auf einen alten walisischen Personennamen und späteren Familiennamen, Etymologie umstritten.

Moritz, (auch:) Moriz: aus lat. Mauritius, einer Ableitung von ▸ Maurus.

Morris: englische Form von ▸ Moritz.

Morten: dänische und norwegische Form von ▸ Martin.

Mosche: Nebenform von ▸ Moses.

Moses, (überkonfessionelle Form:) Mose: aus der Bibel, ägyptischer Ursprung, Verkürzung eines theophoren [= einen Gottesnamen enthaltenden] Namens wie Thut-mosis, Ramses [= Ra-mosis], wobei -mosis so viel bedeutet wie »geboren aus …, Sohn des …«. Nach der Bibel war Moses der Führer der Israeliten aus der ägyptischen Unterdrückung und Mittler zwischen Jahwe und Israel.

Moyo: aus Malawi stammender Vorname, der in der Ngoni-Sprache »Leben, Wohlbefinden, Gesundheit« bedeutet.

Muhammed: türkische Form von ▸ Mohammed.

Munir: zu arab. munīr »strahlend, leuchtend«; Sirādsch Munīr »Leuchtende Lampe« ist einer der Beinamen Mohammeds.

Murad: zu arab. murād »erwünscht«.

Musa, (auch:) Mussa: arabische Form von Mose (▸ Moses), auch türkisch.

Mustafa: zu arab. muṣṭafa »erwählt«.

Myles: ▸ Miles.

N

Nabil: zu arab. nabīl »edel, ehrenwert«; auch türkisch.

Nadir: zu arab. nādir »selten, kostbar«; auch türkisch.

Nail: zu arab. nā'il »jemand, der [seine Ziele] erreicht«; auch türkisch.

Naim: zu arab. na'īm »sorglos, glücklich«; auch türkisch.

Nạndo: Kurzform von italienisch ▸ Ferdinando oder ▸ Fernando.

Nạndolf: alter deutscher Vorname, zu ahd. nand [nur noch in Namen belegt] »kühn, wagemutig«, vgl. ahd. nenden »wagen« + ahd. wolf »Wolf«.

Narcịss, (auch:) Narzịß: aus der griechischen Mythologie, griechisch-lateinischer Ursprung, zu lat. narcissus < griech. nárkissos »Narzisse«.

Nassi̲m: arabischer Herkunft (arab. nasīm »Brise; Lebenshauch« zu arab. nasama »sanft wehen«).

Nat [næt]: englische Kurzform von ▸ Nathan und ▸ Nathanael.

Na̲tan: ▸ Nathan.

Nata̲naël: ▸ Nathanael.

Na̲than, (überkonfessionelle Form:) Na̲tan: hebräischer Ursprung, Kurzform von ▸ Jonathan »Jahwe hat gegeben«. Nach der Bibel war Nathan ein Prophet, der David nach dem Ehebruch mit Bathseba und dem Mord an Uria das Urteil Gottes verkündete.

Natha̲nael, (überkonfessionelle Form:) Nata̲naël: hebräischer Ursprung, Bedeutung »Gott hat gegeben«.

Nathaniel [nəˈθænjəl]: englische Form von ▸ Nathanael.

Navi̲n: indischer Ursprung, Bedeutung »der Neue«.

Nawi̲d: persischer Herkunft (pers. navīd »frohe Kunde«). Engl. Schreibweise: Naveed.

Neal: ▸ Neil.

Nẹd: englische Kurzform von Edward (▸ Eduard).

Ne̲e̲ls: friesische Kurzform von ▸ Cornelius.

Nehemi̲a: zu hebr. nḥæmyā »Jahwe hat getröstet«.

Neil, (auch:) Neal [ni:l]: englische Form des gälischen Namens Niall, dessen Bedeutung umstritten ist (»Kämpfer«, »Wolke« oder »leidenschaftlich«).

Ne̲lio: Kurzform von ▸ Cornelio.

Nẹlson: ursprünglich englischer Familienname (»Sohn des Nel«, ▸ Neil), Verwendung als Vorname zunächst wohl in Andenken an den britischen Admiral Lord Nelson.

Nẹo: nach dem Helden der amerikanischen Filmtrilogie »Matrix« (zu griech. néos »neu«).

Nẹpomuk: nach dem heiligen Johannes Nepomuk, dessen Beiname auf seinen Geburtsort Pomuk (Böhmen) zurückgeht.

Nẹstor: griech. Néstōr, geht zurück auf den Helden der Ilias und der Odyssee. Nach der griechischen Sage führte Nestor im hohen Alter 90 Schiffe gegen Troja, wobei er sich durch seine weisen Ratschläge und seine Beredsamkeit auszeichnete.

Nẹven: serbische/kroatische Herkunft, nach einer Blumenbezeichnung (serb., kroat. neven »Ringelblume, Immortelle«).

Ne̲vio: italienische Herkunft, geht zurück auf den römischen Geschlechternamen Naevius (zu lat. naevus »Muttermal«).

Nicholas [ˈnɪkələs]: englische Form von ▸ Nikolaus.

Nịck: englische Kurzform von Nicholas (▸ Nikolaus).

Nịcki, (auch:) Nịki: Koseform von ▸ Nikolaus.

Nịcklas: ▸ Niklas.

Nịcko: ▸ Nico.

Nịcky: Schreibvariante von ▸ Nicki, auch englische Koseform von ▸ Nick.

Nịclas: ▸ Niklas.

Nịco: Kurzform von Nicolaus oder von italienisch Nicola (▸ Nikolaus).

Nico̲la: italien. Form von ▸ Nikolaus.

Nịcolai: ▸ Nikolai.

Nicolas [nɪkɔˈla]: französische Form von ▸ Nikolaus.

Nịcolaus: ▸ Nikolaus.

Nịcolo: italienische Form (eigentlich Nicolò) von ▸ Nikolaus.

Niel: ▸ Neil.

Ni̲e̲ls: dänische Form von ▸ Nikolaus.

Nigel [naɪdʒl]: aus dem Englischen, hervorgegangen aus der Latinisierung des gälischen Namens Niall (▸ Neil) als Nigellus.

Nịk: Kurzform von ▸ Nikolaus.

Nịki: ▸ Nicki.

Niki̲as: zu griech. níkē »Sieg«.

Niki̲ta: russische Form des griechischen Namens Nikētas (zu griech. níkē »Sieg«).

Nịklas: Kurzform von ▸ Nikolaus.

Ni̲klaus: schweizerische Kurzform von ▸ Nikolaus.

Nịko: Kurzform von ▸ Nikolaus.

Nikode̲mus, (auch:) Nikode̲m: aus der Bibel, eigentlich etwa »Volkssieger« (griech. Nikódēmos, zu griech. níkē »Sieg« und dēmos »Volk«).

Niko̲la: eindeutschende Schreibung von italien. ▸ Nicola.

Nịkolai, (auch:) Nịkolaj; Nịcolai; (russ. Betonung:) Ni... sische Form von ▸ Nikolaus.

Nịkolas: eindeutschende Schreibung von französ. ▸ Nicolas.

Nịkolaus, (auch:) Nịcolaus; Ni̲kolaus: griech. Nikólaos, zu griech. níkē »Sieg« und laós »Volk, Kriegsvolk«.

Ní̲kos: neugriechische Kurzform von Nikólaos (▸ Nikolaus).

[1]Ni̲lo: spanischer Herkunft (zu dem Flussnamen lat. Nilus »Nil«).

[2]Ni̲lo: italienische Kurzform von Danilo (▸ Daniel).

Ni̲ls: schwedische und norwegische Kurzform von ▸ Nikolaus.

Ni̲no: italienische Herkunft, Kurzform von Giovannino (▸ Johannes).

Ni̲s: nordfriesische und dänische [nɪs], in Nordschleswig verbreitete Form von ▸ Niels.

No̲a: Variante von ▸ Noah.

Nọah, (auch:) No̲a, No̲e, (überkonfessionelle Form:) Nọach: hebräischer Ursprung, wahrscheinlich Kurzform eines hebräischen Befehlsnamens, etwa: »beruhige dich [, Gott]!« Nach der Bibel ließ Gott Noah wegen seiner Frömmigkeit mit seiner Familie und zahlreichen Tierpaaren in einer Arche die Sintflut überleben.

No̲am: hebräischer Ursprung, »Wonne, Freude, Heiterkeit«.

No̲e: Variante von ▸ Noah.

Noe̲l: zu französ. Noël »Weihnachten«.

Nọrbert: alter deutscher Vorname, zu ahd. nord »Norden« + ahd. beraht »glänzend«.

Die schönsten internationalen Formen von Georg

George (englisch) • *Georges (französisch)* • *Giorgio (italienisch)* • *Göran (schwedisch)* • *Jerzy (polnisch)* • *Jordi (katalanisch)* • *Jorge (spanisch)* • *Jórgos (neugriechisch)* • *Jurij (russisch)*

Nọrfried: aus ahd. nord »Norden« + ahd. fridu »Schutz vor Waffengewalt, Friede; Friedenswahrer«.

Nọrman, (auch:) Nọrmann: alter deutscher Vorname, zu ahd. nord »Norden« + ahd. man »Mann«.

Nọrwin: alter deutscher Vorname, zu ahd. nord »Norden« + ahd. wini »Freund«.

No̲tker: alter deutscher Vorname (ein zu altwestnord. hnióða »stoßen, schlagen« gehörendes Namenglied in der Bedeutung »Kampf« + ahd. gēr »Speer«).

Octavia̲n, (auch:) Oktavia̲n: lateinischer Ursprung, geht zurück auf Octavianus, einen von ▸Octavius abgeleiteten Beinamen.

Octạvio: spanische Form von ▸Octavius.

Octa̲vius: lateinischer Ursprung, geht zurück auf einen römischen Geschlechternamen, der wiederum auf dem alten Praenomen (Vornamen) Octāvus (lat. »der Achte«) beruht. Mit Octavus wurde ursprünglich ein im achten römischen Monat geborener Knabe benannt.

O̲din: nach der höchsten Gottheit der nordgermanischen Mythologie, altnord. Óðinn, wahrscheinlich zu óðr »rasend«. Bei den Westgermanen trägt der Gott den Namen Wotan.

O̲do: alter deutscher Vorname, verselbstständigte Kurzform von Namen, die mit »Ot-« (ahd. ōt »Besitz, Reichtum«) gebildet sind (z. B. ▸Otfried und ▸Otmar).

Ọdwin: ▸Otwin.

Oktavia̲n: ▸Octavian.

Ọlaf: altnordische Herkunft, zu altnord. Ōlāfr aus *AnulaiƀaR, etwa »Nachkomme des Urahns«.

Ọldrik: niederdeutsche Form von ▸Ulrich.

[1]O̲le: Kurzform von Namen, die mit »Ol-« gebildet sind (z. B. ▸ Olrik).
[2]O̲le: dänische/norwegische Kurzform von ▸ Olaf.
O̲leg: aus dem Russischen, geht zurück auf den nordischen Namen ▸ Helge, der mit den Warägern (Normannen) nach Russland kam.
Ọliver, (auch:) O̲liver: geht zurück auf altfranzös. Olivier, den Namen des Waffengefährten Rolands, wird traditionellerweise von altfranzös. olivier (zu spätlat. olīvarius »Ölbaum[pflanzer]«) abgeleitet, wahrscheinlich aber verbirgt sich dahinter ein Personenname germanischen Ursprungs.
Olivier [ɔliˈvje]: französische Form von ▸ Oliver.
O̲lof, (auch:) O̲lov: schwedische Form von ▸ Olaf.
Ọlrik: niederdeutsch-friesische Form von ▸ Ulrich.
O̲luf: dänische Form von ▸ Olaf.
O̲mar: im 20. Jh. entlehnter Vorname arabischen Ursprungs (arab. ʼāmir »blühend« zu arab. ʼamara »gedeihen, lange leben«). Die große Beliebtheit des Namens in der islamischen Welt geht auf den zweiten Kalifen Omar I. ibn al-Khattab (6./7. Jh.) zurück. Türk. Form: Ömẹr.
Ọnni: finnische Herkunft, bedeutet »Glück«.
Ọnno: friesische Herkunft, entweder eine Kurzform, deren Ausgangsform wegen der starken Verkürzung nicht mehr zu ermitteln ist, oder ein mit ahd. gunnen, mittelniederländ. gehe-onnen, onnen »gönnen« gebildeter Name.
O̲rell: schweizerische Form von ▸ Aurelius.
Orẹst: griech. Oréstēs zu griech. óros »Berg«, etwa »Bergbewohner«. Nach der griechischen Sage ist Orestes der Sohn

Die schönsten internationalen Formen von Jakob

Giacomo (italienisch) • *Jaak, Jaap (niederländisch)* • *Jacques (französisch)* • *Jaime (spanisch)* • *Jakub (polnisch)* • *James, Jamie (englisch)* • *Jim, Jimmy (englisch)* • *Santiago (spanisch)* • *Xaime (galicisch)*

von Agamemnon und Klytämnestra. Er rächt den Tod seines Vaters, indem er die eigene Mutter ermordet.

Orhan: alttürkischer Ursprung.

Oriol: nach dem Familiennamen des katalanischen Heiligen Joseph Oriol, der aus dem römischen Beinamen Aureolus/Auriolus (zu lat. aurum »Gold«) hervorgegangen ist.

Orlando: italienische Form von ▸ Roland.

Oskar, (auch:) Oscar: geht zurück auf den Namen einer Gestalt aus »The Works of Ossian« von James MacPherson. Es ist umstritten, ob der Name von Ossians Sohn nordischer (altnord. Ásgeirr zu altnord. áss, óss »Gott« + altnord. geir »Speer«; vgl. ▸ Ansgar) oder keltischer (gäl. Osgar zu gäl. os »Hirsch« + gäl. cara »Freund«) Herkunft ist.

Osman: türkische Form des arabischen Namens 'Uthmān zu arab. 'uthmān »Trappe [eine Vogelart]«.

Osmar: alter deutscher Vorname, altsächsische Nebenform von Ansmar (german. *ans »Gottheit« + ahd. māri »bekannt, berühmt, angesehen«).

Oswald: altsächsische Nebenform von Answald (german. *ans »Gottheit« + ahd. -walt zu waltan »herrschen, walten«).

Otfried, (auch:) Ottfried: alter deutscher Vorname, zu ahd. ōt »Besitz, Reichtum« + ahd. fridu »Schutz vor Waffengewalt, Friede«.

Othmar: ▸ Otmar.

Otis ['oʊtɪs]: ursprünglich englischer Familienname mit der Bedeutung »Sohn des Ote« (vgl. ▸ Otto).

Otmar, (auch:) Ottmar; Othmar; Ottomar: alter deutscher Vorname, zu ahd. ōt »Besitz, Reichtum« + ahd. māri »bekannt, berühmt, angesehen«.

Ottavio: italienische Form von ▸ Octavius.

Ottfried: ▸ Otfried.

Ottmar: ▸ Otmar.

Otto: alter deutscher Vorname, verselbstständigte Kurzform von Namen, die mit »Ot-« (ahd. ōt »Besitz, Reichtum«) gebildet sind.

Ottokar: alter deutscher Vorname, der sich aus der Namensform Odowakar (ahd. ōt »Besitz, Reichtum« + ahd. wakar »wachsam, munter«) entwickelt hat (vgl. Odoaker, den Namen eines germanischen Heerführers).

Ọttomar: ▸ Otmar.
Ọtwin, (auch:) O̲dwin: alter deutscher Vorname, zu ahd. ōt »Besitz, Reichtum« + ahd. wini »Freund«.
O̲we, (auch:) O̲ve: ▸ Uwe.
Owen [ˈoʊɪn]: Vorname walisischer Herkunft, dessen Etymologie umstritten ist. In Irland ist Owen die anglisierte Form des bislang ungeklärten gälischen Namens Eóghan.

P

Pa̲a̲vo: finnische Form von ▸ Paul.
Pạblo: spanische Form von ▸ Paul.
Pạco: spanische Koseform von Francisco (▸ Franz).
Padmaj [padˈmadʒ]: indische Herkunft (sanskrit. padma »Lotus« + sanskrit. ja »geboren«: »der Lotusgeborene«), Beiname des Gottes Brahma.
Pạlle: friesisch-niederländische Koseform – eigentlich Lallform aus der Kindersprache – von Namen, die mit »Bald-« (ahd. bald »kühn«) gebildet sind, auch altschwed. Koseform von ▸ Paul.
Pạnkraz, (auch:) Pankra̲z: griech. Pankrátēs, zu griech. pān »all, ganz« und krátos »Kraft, Macht«, krateīn »herrschen«.
Panta̲leon: zu griech. pánta »in allem« und léōn »Löwe«, »gänzlich ein Löwe«.
Pa̲olo: italienische Form von ▸ Paul.
Pascạl: französische Form von lat. Paschalis (zu lat. pascha »Osterfest« über aramäisch pisḥā aus hebr. pesaḥ).
Pascuạl: spanische Form von Paschalis (▸ Pascal).
Pasquạl: rätoromanische und katalanische Form von Paschalis (▸ Pascal).
Pasqua̲le: italienische Form von Paschalis (▸ Pascal).
Pat [pæt]: englische Kurzform von ▸ Patrick.

…ice [paˈtris]: französische Form von ▸ Patricius.

Patricio [paˈtriθi̯o]: spanische Form von ▸ Patricius.

Patricius: geht zurück auf einen römischen Beinamen, zu lat. patricius, -a, -um »patrizisch, dem römischen Geburtsadel angehörig«, begegnet in Deutschland vor allem in der englischen Form ▸ Patrick.

Patrick […æ…]: englische Form von ▸ Patricius.

Patrik: schwedische, norwegische, tschechische, slowakische Form von ▸ Patricius.

Patrizio: italienische Form von ▸ Patricius.

Paul, (auch:) Paulus: lateinischer Ursprung, geht zurück auf den römischen Beinamen Paul[l]us, zu lat. paul[l]us »klein«.

Pavel: tschechische Form von ▸ Paul.

Pavlos: neugriechische Form von ▸ Paul.

Pawel [ˈpavɪl]: russische Form von ▸ Paul.

Pedro: spanische Form von ▸ Peter.

Peer: niederländische, norwegische und dänische Form von ▸ Peter.

Pepe: spanische Koseform (Lallform) von José (▸ Josef).

Peppo: italienische Koseform von Giuseppe (▸ Josef).

Per: durch Zusammenziehung entstandene nordische Form von ▸ Peter.

Percy, engl. Aussprache: [ˈpəːsɪ]: aus dem Englischen, ursprünglich englischer Familienname nach einem Ortsnamen in der Normandie.

Perko: bulgarische Koseform von Petar, der bulgarischen Form von ▸ Peter.

Perry: englische Koseform von Peregrinus (lat. peregrīnus »Fremder«, später auch »Pilger, Kreuzfahrer«).

Peter, (auch:) Petrus: aus der lateinischen Namensform Petrus. Petrus hieß eigentlich schime'on oder schim'on (▸ Simon). Jesus gab ihm den aramäischen Beinamen kyph' (»Edelstein, Felsbrocken«), in griechischer Umschrift als Kēphâs wiedergegeben. Im Neuen Testament wurde dieser mit dem griechischen Namen Pétros, bezogen auf griech. pétra »Fels«, gleichgesetzt und als »Petrus« ins Lateinische übernommen.

Phil: englische Kurzform von Philip (▸ Philipp).

Philibert: ▸ Filibert.
Philip: englische Form von ▸ Philipp.
Philipp: zu griech. Philippos, zu griech. phílos »Freund« und híppos »Pferd«, also etwa »Pferdefreund«.
Philippe: französische Form von ▸ Philipp.
Pier: ▸ Piero.
Pierino [pi̯eˈri:no]: italienische Koseform von ▸ Piero.
Piero: italienische Form von ▸ Peter.
Pierre [pjɛr]: französische Form von ▸ Peter.
Piet: niederdeutsche und niederländische Kurzform von ▸ Peter.
Pieter: niederdeutsche und niederländische Form von ▸ Peter.
Pietro: italienische Form von ▸ Peter.
Pim: niederdeutsch-friesische und niederländische Koseform – eigentlich Lallform aus der Kindersprache – von ▸ Wilhelm.
Pinkas, (auch): Pinchas, Pinhas: aus der Bibel, hebr. pīnḥas, »der Dunkelhäutige, der Nubier«.
Pino: männl. Vorn., italienische Kurzform von Namen, die auf »-pino« ausgehen, z. B. Filippino (▸ Filippo), Giuseppino.
Pio: italienische Form von ▸ Pius.
Pit, (auch:) Pitt: Kurzform von ▸ Peter, ursprünglich rheinisch.
Pius: zu lat. pius, -a, -um »fromm, gottesfürchtig«.
Pjotr: russische Form von ▸ Peter.

Die schönsten Jungennamen aus der römischen Geschichte

Aurel • Claudius • Fabian • Fabius • Fabrizio • Flavio • Fulvio • Gordian • Gratian • Julian • Julius • Konstantin • Laurentius • Linus • Livius • Lucius • Marian • Marius • Titus • Valerius

Plácido ['plaθido]: spanische Form des römischen Beinamens Placidus, zu lat. placidus, -a, -um »sanft, friedlich, ruhig«.

Pran: indische Herkunft (sanskrit. prāṇa »Atem, Lebenskraft«).

Pravin: indische Herkunft (sanskrit. pravīna »geschickt«).

Primus: lateinischer Ursprung, geht zurück auf einen alten, aus Oberitalien stammenden Vornamen (Praenomen; lat. Prīmus »der Erste«). Dort ist die in Rom selbst unbekannte Sitte, die Kinder in der Reihenfolge ihrer Geburt zu nummerieren, schon bei der vorrömischen Bevölkerung nachzuweisen.

Quentin: englische ['kwɛntɪn] und französische [kã'tɛ̃] Form von ▸ Quintinus.

Quint: ▸ Quintus.

Quintinus, (auch:) Quintin: lateinischer Ursprung, Weiterbildung von ▸ Quintus.

Quintus, (auch:) Quint: lateinischer Ursprung, geht zurück auf das alte römische Praenomen (Vornamen) Quintus (lat. Quīntus »der Fünfte«). Mit Quintus wurden ursprünglich Knaben benannt, die im fünften Monat (Quīntīlis mēnsis) des alten, mit März beginnenden römischen Kalenders geboren wurden. Der Monat wurde später zu Ehren Julius Cäsars umbenannt.

Quirin, (auch:) Quirinus: geht zurück auf den Namen eines alten römischen Gottes (lat. Quirīnus), wurde später zum Beinamen von Romulus, dem zum Gott erhobenen Gründer der Stadt Rom.

R

Rabanus, (auch:) Raban: latinisierte Form von ahd. hraban »Rabe«.

Radek: Kurzform von slawischen Namen, die mit »Rad-« beginnen (z. B. ▸ Radomir).

Radolf, (auch:) Radulf: alter deutscher Vorname, zu ahd. rāt »Rat, Beratung, Ratgeber« + ahd. wolf »Wolf«.

Radomir: zu urslaw. *radъ »gern, froh« oder urslaw. *raditi »arbeiten, fügen, passend zurechtlegen« + urslaw. *mirъ »Friede«.

Rafael: ▸ Raphael.

Raffael: wohl in Anlehnung an italien. Raffaele entstandene Schreibvariante von ▸ Raphael.

Raffaele: italienische Form von ▸ Raphael.

Rafik, (auch:) Rafiq: Kurzform von arab. Rafīq al-islām »Begleiter des Islam«.

Ragnar: gegen Ende des 19. Jh.s aus den skandinavischen Ländern übernommener Name, der dem deutschen Vornamen ▸ Rainer entspricht.

Rahim: Kurzform von arab. ʻabd er-Raḥīm »Diener [Allahs,] des Gnädigen«.

Raiko, (auch:) Raik; Rayk; Rayko: Eindeutschung von ▸ Rajko oder Schreibvariante von ▸ Reiko.

Raimo: ▸ Reimo.

Raimund, (auch:) Raymund; Reimund: zu german. *ragina »Rat, Beschluss [der Götter], Schicksal« + german. *mundō »Schutz«.

Rainald: ▸ Reinold.

Rainer, (auch:) Reiner; Reinar: alter deutscher Vorname, zu german. *ragina- »Rat, Beschluss [der Götter], Schicksal« + ahd. heri »Heer; Heerführer, Krieger«.

Rainhard: ▸ Reinhard.

Rainier [rɛˈnje]: französische Form von ▸ Rainer.

Raj [ra:dʒ]: indische Herkunft (sanskrit. rāja »König«).

Rajan ['ra:dʒan]: südindische Variante von ▸ Raj.
Rajko: ungarische (Rajkó) und tschechische Koseform von Rajmund (▸ Raimund).
Ralf, (auch:) Ralph: aus dem Englischen, geht zurück auf altnord. Raðulfr, altengl. Rædwulf, normann. Radulf (▸ Radolf), zusammengezogen Ralf, später auch in der etymologisch unbegründeten Schreibung Ralph.
Ramiro: aus dem Spanischen, westgotische Herkunft, erster Namenbestandteil zu german. *ran »Ecke, Keil«, wohl als »keilförmige Anordnung des Heeres« zu verstehen, zweiter entspricht ahd. māri »bekannt, berühmt, angesehen«.
Ramón: spanische Form von ▸ Raimund.
Rando: Kurzform von ▸ Randolf.
Randolf: alter deutscher Vorname, zu ahd. rant »Schild« + ahd. wolf »Wolf«.
Randolph ['ræn...]: englische Form von ▸ Randolf.
Randy ['ræn...]: englische Koseform von ▸ Randolph.
Raoul [ra'ul]: französische Form von ▸ Radolf.
Raphael, (auch:) Rafael: aus der Bibel, hebräischer Ursprung, Bedeutung »Gott heilt«.
Raschid: zu arab. er-rashīd »der Rechtgeleitete; der Weise«.
Rasmus: Kurzform von ▸ Erasmus, auch dänisch.
Räto: ▸ Reto.
Raul: italienische Form von ▸ Raoul oder eindeutschende Schreibung von französ. Raoul und span. Raúl.
Raven: Variante von Raban (▸ Rabanus).
Ray [reɪ]: englische Kurzform von Raymond (▸ Raimund).
Rayk, (auch:) Rayko: ▸ Raiko.
Raymond, engl. Aussprache: ['reɪmənd], französ. Aussprache: [rɛ'mõ]: englische und französische Form von ▸ Raimund.
Raymund: ▸ Raimund.
Redelf, (auch:) Reelf; Relef: friesische Form von ▸ Radolf.
Reenhard: ▸ Reinhard.
Refik: türkische Form von ▸ Rafik.
Reginald: ältere Namensform von ▸ Reinold, auch englisch ['rɛdʒɪnld].
Régis [re'ʒi]: nach dem Familiennamen des französischen Heiligen Jean-François Régis, abgeleitet von lat. regere »leiten, herrschen«.

Reiko, (auch:) Reik: verselbstständigte Kurzform von Namen, die mit altsächs. rīki »mächtig, gewaltig, reich« gebildet sind, auch Eindeutschung von ▸ Rajko.

Reimo, (auch:) Raimo: verselbstständigte Kurzform von Namen, die mit »Reim-« (zu german. *ragina- »Rat, Beschluss [der Götter], Schicksal«) gebildet sind.

Reimund: ▸ Raimund.

Reinald: ▸ Reinold.

Reinar: ▸ Rainer.

Reinard: ▸ Reinhard.

Reiner: ▸ Rainer.

Reinhard, (auch:) Rainhard; Reenhard; Reinard; Reinhart: alter deutscher Vorname, zu german. *ragina- »Rat, Beschluss [der Götter], Schicksal« + ahd. harti, herti »hart, kräftig, stark«.

Reinhold: Nebenform von ▸ Reinold in Anlehnung an das Adjektiv »hold«.

Reinke: niederdeutsch-friesische Koseform von Namen, die mit »Rein-« gebildet sind.

Reino: verselbstständigte Kurzform von Namen, die mit »Rein-« gebildet sind.

Reinold, (auch:) Reinhold; Renold; Reinald; Rainald; Reginald: alter deutscher Vorname, zu german. *ragina- »Rat, Beschluss [der Götter], Schicksal« + ahd. -walt zu waltan »herrschen, walten«.

Relef: ▸ Redelf.

Rémi, (auch:) Rémy: französische Form von ▸ Remigius.

Remigius: zu lat. rēmex »Ruderer«.

Remo: italienische Form von ▸ Remus.

Remus: nach einem der beiden sagenhaften Gründer Roms.

Rémy: ▸ Rémi.

Renald: ▸ Reinold.

Renaldo: ▸ Rinaldo.

Renato: italienische Form von ▸ Renatus.

Renatus, (auch:) Renat: lat. renātus »wiedergeboren«.

René: französische Form von ▸ Renatus.

Renke, (auch:) Renko: niederdeutsch-friesische Koseform von Namen, die mit »Rein-« (zu german. *ragina- »Rat, Beschluss [der Götter], Schicksal«) gebildet sind.

¹Reno: friesische Form von ▸ Reino.
²Reno: italienische Kurzform von Namen, die auf »-reno« ausgehen (z. B. ▸ Moreno).
Renold: ▸ Reinold.
Renzo: italienische Kurzform von Lorenzo (▸ Lorenz).
Reto, (auch:) Räto: schweizerischer Vorname, eigentlich »der Rätoromane«.
Reuben ['ru:bɪn], (auch:) Reuven ['ru:vɪn]: englische Formen von ▸ Ruben.
Rewert: jüngere Form von Reinwart oder Redwart (zu german. *ragina »Rat, Beschluss [der Götter], Schicksal« bzw. ahd. rāt »Rat, Beratung, Ratgeber« + ahd. wart »Hüter, Schützer«).
Rex: aus dem Englischen, zu lat. rēx »König«, gelegentlich auch als Kurzform von Reginald (▸ Reinold) gebraucht.
Reyk: ▸ Reiko.
Rhys [ri:s]: walisische Herkunft (zu walis. rhys »Glut; Leidenschaft, Inbrunst, Eifer«). Diesen Namen trugen im frühen Mittelalter mehrere walisische Könige.
Ricard: ▸ Richard.
Ricardo: spanische Form von ▸ Richard.
Riccardo: italienische Form von ▸ Richard.
Ricco: italienische Kurzform von ▸ Riccardo.
Richard, (auch:) Rickert; Righard: alter deutscher Vorname, zu ahd. rīhhi »Herrschaft, Herrscher, Macht; reich, mächtig, hoch« + ahd. harti, herti »hart, kräftig, stark«.
Richie, (auch:) Ritchie ['rɪtʃɪ]: englische Koseform von ▸ Richard.
Rick: englische Kurzform von ▸ Richard.
Rickert: niederdeutsch-friesische Form von ▸ Richard.
Rickmer: niederdeutsch-friesische Form von Richmar (ahd. rīhhi »Herrschaft, Herrscher, Macht; reich, mächtig, hoch« + ahd. māri »bekannt, berühmt, angesehen«).
Ricky: englische Koseform von ▸ Richard.
Rico: italienische Kurzform von Enrico (▸ Heinrich).
Rieko: ▸ Riko.
Righard: ▸ Richard.
Rigo: italienische Kurzform von Namen wie Rigoberto (▸ Rigobert), Federigo (▸ Friedrich), ▸ Amerigo u. a.

Rigobert: geht zurück auf eine romanische Form von Richbert (ahd. rīhhi »Herrschaft, Herrscher, Macht; reich, mächtig, hoch« + ahd. beraht »glänzend«).

Riko, (auch:) Rieko; Rik: Kurzform von ▸ Richard oder von Namen, die auf »-rik« ausgehen (z. B. ▸ Hendrik).

Rinaldo, (auch:) Renaldo: italienische Form von ▸ Reinold.

Rino: italienische Kurzform von Namen, die auf »-rino« ausgehen (z. B. Arturino, Salvatorino).

Ritayin: indische Herkunft (»der Wahrhaftige«).

Ritchie: ▸ Richie.

Roald: norwegische Herkunft, zu altnord. hróðr »Ruhm« + altnord. valdar »Herrscher«.

Rob: englische und niederländische Kurzform von ▸ Robert.

Robby, (auch:) Robbie: englische Koseform von ▸ Robert.

Robert: niederdeutsche Form von ▸ Rupert.

Roberto: italienische und spanische Form von ▸ Robert.

Robin, (auch:) Robyn: englische Koseform von ▸ Robert.

Rocco: italienische Form von ▸ Rochus.

Rochus: latinisierte Form von ahd. Roho (zu ahd. rohōn »[in der Schlacht] brüllen«), einer Kurzform von heute nicht mehr gebräuchlichen Namen, wie z. B. Rochbert und Rochold.

Rocky: zu engl. rocky »felsig; steinhart«, nach dem amerikanischen Boxidol Rocky Marciano, der auf diese Weise sei-

Die schönsten altmodischen Jungennamen

Adam • Albert • Albrecht • Anselm • Artur • Benedikt • Eduard • Emil • Ferdinand • Fritz • Georg • Gregor • Gustav • Hans • Hugo • Jakob • Johann • Karl • Konrad • Konstantin • Lorenz • Oskar • Peter • Rupert

nen italien. Vornamen Rocco an das Englische angepasst hatte.

Roderich, (auch:) Roderik: alter deutscher Vorname, zu altsächs. hrōth »Ruhm« + altsächs. rīki »mächtig, gewaltig, reich«.

Rodger: niederdeutsche Form von ▸ Rüdiger.

Rodney: ursprünglich ein englischer Familienname nach einem bislang nicht sicher lokalisierten Ortsnamen.

Rodolfo: italienische und spanische Form von ▸ Rudolf.

Rodolphe: französische Form von ▸ Rudolf.

Rodrigo: spanische und italienische Form von ▸ Roderich.

Roger, engl. Aussprache: ['rɔdʒə], französ. Aussprache: [ro'ʒe]: niederdeutsche Form von ▸ Rüdiger.

Roland: geht zurück auf die altfranzösische Form des althochdeutschen Namens Hruodland (ahd. hruod »Ruhm« + ahd. lant »Land«).

Rolando: italienische Form von ▸ Roland.

Rolf, (auch:) Roolf: durch Zusammenziehung entstandene Form von Rodolf (▸ Rudolf).

Rolof, (auch:) Roluf: niederdeutsche Nebenform von ▸ Rudolf.

Romain [rɔ'mɛ̃]: französische Form von ▸ Roman.

Roman, (auch:) Romanus: zu lat. Rōmānus »Römer«.

Romano: italienische Form von ▸ Roman.

Romeo: italienischer Ursprung, geht zurück auf den römischen Beinamen Romaeus (zu griech. Rhṓmē »Rom«, Rhōmaīos »Römer«); bezeichnete in der Spätantike einen Bürger des [Ost- oder West]römischen Reiches und nahm im Spätmittelalter die Bedeutung »Rompilger« und schließlich überhaupt »Pilger« an.

Romolo: italienische Form von ▸ Romulus.

Romulus: geht zurück auf Rōmulus, einen der beiden sagenhaften Gründer Roms.

Ron: englische Kurzform von ▸ Ronald.

Ronald: aus dem Englischen, schottische Ableitung des altnordischen Namens Rögnvaldr (vgl. die entsprechenden Bildungen engl. ▸ Reginald und dt. ▸ Reinold).

Ronan ['roʊnən]: englische Schreibweise des irischen

Namens Rónán, ursprünglich ein Beiname mit der Bedeutung »kleine Robbe« (zu gäl. rón »Robbe«).

Ronny, (auch:) Ronnie: englische Koseform von ▸ Ronald.

Roolf: ▸ Rolf.

Rosario: italienische Herkunft, zu mittellat. rosārium »Rosenkranz«, nach einem Beinamen der Gottesmutter (»Unsere Liebe Frau von dem Rosenkranz«); in Spanien weibl. Vorname.

Roswin: vermutlich zu ahd. hros »Ross« + ahd. wini »Freund«.

Rouven: Nebenform von ▸ Ruben.

Roy: aus dem Englischen, gälischer Ursprung, zu gäl. ruadh »rot«.

Ruben: zu hebr. re'ūbēn, wohl »seht den Sohn!«. In der Bibel ist Ruben der älteste Sohn Jakobs und Leas.

Rubin: aus dem Englischen, Nebenform von ▸ Ruben.

Rudi, (auch:) Rudy: Koseform von ▸ Rudolf.

Rudibert: Neubildung aus ▸ Rudi und dem Namenbestandteil »-bert« (ahd. beraht »glänzend«).

Rüdiger: alter deutscher Vorname, zu ahd. hruod »Ruhm« + ahd. gēr »Speer«.

Rudo: Kurzform von Namen, die mit »Rud-« beginnen, vor allem von ▸ Rudolf.

Rudolf, (auch:) Rudolph: alter deutscher Vorname, zu ahd. hruod »Ruhm« + ahd. wolf »Wolf«.

Rudy: ▸ Rudi.

Rufin: lateinischer Ursprung, geht zurück auf den römischen Beinamen Rufinus, eine Ableitung von ▸ Rufus.

Rufus: lateinischer Ursprung, geht zurück auf einen römischen Beinamen, zu lat. rūfus, -a, -um »rothaarig, fuchsrot«.

Rulf: Kurzform von ▸ Rudolf.

Runar: schwedisch-norwegische Herkunft, wahrscheinlich eine Neubildung aus den Namenbestandteilen »Run-« (▸ Rune) und »-ar« (▸ Einar).

Rune: schwedisch-dänische Herkunft, Kurzform von Namen, die mit dem Namenbestandteil altnord. rún »Geheimnis, geheime Beratung« gebildet sind.

Rupert, (auch:) Ruppert; Rupprecht; Ruprecht; (latinisiert:)

Rupẹrtus: alter deutscher Vorname, zu ahd. hruod »Ruhm« + ahd. beraht »glänzend«. Die entsprechende niederdeutsche Form ist ▸ Robert.

Ru̲rik: russische Form des altschwedischen Namens Rörik (▸ Roderich), gelangte mit den skandinavischen Warägern nach Russland.

Russell [rʌsl]: ursprünglich ein englischer Familienname französischer Herkunft, zu altfranzös. rous »rot«.

Ru̲tger, (auch:) Rü̲tger: ▸ Rüdiger.

Ru̲thard, (auch:) Ru̲thart: alter deutscher Vorname (ahd. hruod »Ruhm« + ahd. harti, herti »hart, kräftig, stark«).

Ru̲ven, (auch:) Ru̲wen: Varianten von ▸ Ruben.

Ryan [ˈraɪən]: geht zurück auf den irischen Familiennamen Ó'Riain (»Nachkomme des Rian«), Bedeutung des alten gälischen Namens Rian umstritten, vielleicht zu gäl. rí »König«.

S

Sạbri: arabische Herkunft (zu arab. ṣabr »Geduld«).

Sacha [saˈʃa]: französische Schreibweise von ▸ Sascha.

Sai̲d: zu arab. sa'īd »glücklich«.

Saladi̲n, (auch:) Sạladin: zu arab. Sālaḥ ad-Dīn »Rechtschaffenheit des Glaubens«.

Sa̲lim: zu arab. sālim »sicher, unversehrt«.

Sa̲lomon, (überkonfessionelle Form:) Sa̲lomo: aus der Bibel, zu hebr. šelōmō wohl zu hebr. šālōm »Glück, Wohlergehen, Friede«. Salomon war als Sohn Davids dessen Nachfolger und König von Juda, Israel und Jerusalem.

Salvadọr: spanische Form von ▸ Salvator.

Salva̲tor: zu lat. salvātor »Erlöser, Heiland«.

Salvato̲re: italienische Form von ▸ Salvator.

Sam [sæm]: englische Kurzform von ▸ Samuel.

Sami: zu arab. sāmi »erhaben«, auch türkisch.

Samir: zu arab. samīr »abendlicher Gesprächspartner«.

Sammy ['sæmɪ]: aus dem Englischen, Koseform von ▸ Samuel.

Samson, (überkonfessionelle Form:) Simson: zu hebr. šimšōn »Sonnenmann?«. Nach der Bibel verfügte Samson über große Kräfte. Seine Geliebte Delila entlockte ihm das Geheimnis seiner Kraft, schnitt ihm heimlich die Haare ab und lieferte ihn den Philistern aus.

Samudra: indische Herkunft, auch indonesisch (sanskrit. samudra »Ozean«).

Samuel: Bedeutung nicht sicher, zu hebr. šemū'ēl »Gott ist El« oder »Gott ist erhaben« bzw. »Sein Name ist El«. Nach der Bibel war Samuel der letzte Richter Israels und der erste Prophet.

Sancho ['santʃo]: spanische Herkunft, geht zurück auf Sanctius, einen römischen Beinamen zu lat. sānctus, -a, -um »heilig, ehrwürdig, erhaben«. Eine bekannte literarische Gestalt ist Sancho Pansa, Don Quijotes Schildknappe, in dem Roman (1605–1615) von Miguel de Cervantes.

Sander: Kurzform von ▸ Alexander.

Sándor ['ʃa:ndor]: ungarische Kurzform von ▸ Alexander.

Sandrino: italienische Koseform von ▸ Sandro.

Sandro: italienische Kurzform von Alessandro (▸ Alexander).

Sandy ['sændɪ]: englische Koseform von ▸ Alexander.

Santiago: spanische Herkunft, zusammengezogen aus Santo »heilig« + Yago < Jácobus (▸ Jakob).

Santino: italienische Koseform von ▸ Santo.

Santo: aus dem Italienischen, geht zurück auf einen römischen Beinamen, zu lat. sānctus, -a, -um »heilig, ehrwürdig, erhaben«, nahm in christlicher Zeit die Bedeutung »heilig, Gott geweiht« an.

Sascha: aus dem Russischen übernommene Koseform von ▸ Alexander.

Saul: zu hebr. šā'ūl »der [von Gott] Erbetene«. Nach der Bibel war Saul der erste König von Israel.

Savin [sa'vɛ̃]: französische Form des römischen Beinamens Sabinus (»Sabiner, Bewohner des Gebirgslandes in Mittelitalien nordöstlich von Rom«).

Schen: chinesische Herkunft, Bedeutung »geistig, gedankenvoll«.

Schorsch: eindeutschende Schreibung von französisch ▸ Georges.

Scott: geht zurück auf einen englischen Vor- und Familiennamen (»der Schotte«).

Scotty: Koseform von ▸ Scott.

Sean [ʃɔːn]: aus dem Englischen, irische Form von ▸ Johannes, die wiederum auf normann.-französ. Jehan (▸ Jean) zurückgeht.

Sebastian: zu griech. sebastós »erhaben« oder zu griech. Sebastianós »Mann aus Sebaste«, Name mehrerer Städte im Orient.

Sebastiano: italienische Form von ▸ Sebastian.

Sébastien [sebasˈtjɛ̃]: französische Form von ▸ Sebastian.

Selim: türkische Form von ▸ Salim.

Selmar: von Klopstock nach dem Vorbild altdeutscher Namen gebildet: aus Selma, einem Ortsnamen in »The Works of Ossian« von James MacPherson, und dem Namenbestandteil »mar-« (ahd. māri »bekannt, berühmt, angesehen«).

Sem: biblische Herkunft, zu hebr. šēm »Name, guter Ruf, Ansehen«. Nach der Bibel war Sem der älteste Sohn Noahs.

Semir: türkische Form von ▸ Samir.

Semjon: russische Form von ▸ Simon.

Sepp: Kurzform von ▸ Josef.

Seraphin, (auch:) Serafin; Seraphim: geht zurück auf die kirchenlateinische Mehrzahlform Seraphīn (zu hebr. śārap »brennen«), mit der in der Bibel (beim Propheten Jesaja) die Engelsgestalten an Gottes Thron bezeichnet werden.

Serenus: zu lat. serēnus, -a, -um »heiter, hell, leuchtend«.

Serge [sɛrʒ]: französische Form von ▸ Sergius.

Sergej: russische Form von ▸ Sergius.

Sergio, italien. Aussprache: [ˈsɛrdʒo], span. Aussprache: [ˈsɛrxi̯o]: italienische oder spanische Form von ▸ Sergius.

Sergius: geht zurück auf einen altrömischen Geschlechternamen.

Serjoscha: russische Koseform von ▸ Sergej.

Servatius: zu lat. servātus, -a, -um »gerettet«.

Seth, (überkonfessionelle Form:) Set: biblischer Ursprung, zu hebr. šet »setzen« im Sinne von »Ersatz« (für den von Kain erschlagenen Abel). Im Alten Testament ist Seth der dritte Sohn Adams und Evas.

Severin, (auch:) Severin: lateinischer Ursprung, Weiterbildung von Severus (lat. sevērus, -a, um »streng, ernst«).

Shane [ʃa:n]: englische Schreibweise des irischen Vornamens ▸ Sean.

Shannon [ˈʃænən]: identisch mit dem weibl. Vornamen Shannon: aus den USA, nach dem gleichlautenden Fluss in Irland; seit den 1980er-Jahren auch männl. Vorname.

Shaun, (auch:) Shawn [ʃɔ:n]: englische Schreibweise des irischen Vornamens ▸ Sean.

Sicco, (auch:) Sicko: niederdeutsch-friesische Koseform von Namen, die mit »Sieg-« gebildet sind.

Sid: Kurzform von ▸ Sidney.

Siddharta: zu sanskrit. siddha »erreicht, vollendet« + artha »Ziel«, etwa »der sein Ziel erreicht hat«. Siddharta oder Gautama (Ehrenname Buddha) war der Religionsstifter des Buddhismus.

Sidney, (auch:) Sydney: ursprünglich englischer Familienname nach einem französischen Ortsnamen (Saint-Denis).

Siebo: Sibo.

Sieger: alter deutscher Vorname, zu ahd. sigu »Sieg« + ahd. heri »Heer; Heerführer, Krieger«; etwa »Siegeskrieger«.

Siegesmund: ▸ Siegmund.

Siegfried, (selten auch:) Sigfrid: alter deutscher Vorname, zu

Die schönsten ausgefallenen Jungennamen

Arik • Aulis • Barin • Cornel • Dano • Enric • Farid • Geo • Heimo • Iring • Ivar • Jonne • Kerim • Kostja • Lais • Lienhard • Marcin • Rahim • Rurik • Vadim

ahd. sigu »Sieg« + ahd. fridu »Schutz vor Waffengewalt, Friede; Friedenswahrer«; etwa »der den im Sieg errungenen Frieden wahrt«.

Siegmar, (auch:) Sigmar: alter deutscher Vorname, zu ahd. sigu »Sieg« + ahd. māri »bekannt, berühmt, angesehen«; etwa »der durch Sieg berühmt ist«.

Siegmund, (auch:) Siegesmund; Sigmund; Sigismund: alter deutscher Vorname, zu ahd. sigu »Sieg« + ahd. munt »Schutz, Schützer«; etwa »der den Sieg schützt«.

Sierk, (auch:) Sirko: durch Zusammenziehung entstandene niederdeutsch-friesische Form von Sigerik (altsächs. sigi »Sieg« + altsächs. rīki »mächtig, gewaltig, reich«; etwa »der durch Sieg mächtig ist«).

Sigfrid, (auch:) Sigfried: ▸ Siegfried.

Siggi, (auch:) Sigi; Sigo: Koseform von Namen, die mit »Sieg-«, »Sig-« gebildet sind (z. B. ▸ Siegfried).

Sigidi: aus Südafrika, bedeutet auf Zulu »eintausend«.

Sigismund: Variante von ▸ Siegmund.

Sigmar: ▸ Siegmar.

Sigmund: ▸ Siegmund.

Sigo: ▸ Siggi.

Silas: aus der Bibel übernommen, Herkunft unsicher, gräzisierte Form einer aramäischen Nebenform von ▸ Saul oder griechische Kurzform des römischen Beinamens Silvanus (▸ Silvan).

Silko: männl. Bildung zu Silke, einer niederdeutsch-friesischen Koseform von Cäcilie: lateinischer Ursprung, lat. Caecilia ist die weibl. Form zu dem altrömischen Geschlechternamen Caecilius, der vielleicht etruskischen Ursprungs ist und später volksetymologisch zu lat. caecus, -a, -um »blind« gestellt wurde.

Silvan: lateinischer Ursprung, geht zurück auf Silvanus, den Namen des altrömischen Gottes des Waldes, des Feldes und der Herden, zu lat. silva »Wald«.

Silvano: italienische Form von ▸ Silvan.

Silvester, (auch:) Sylvester: zu lat. silvester »zum Wald gehörend, im Wald lebend; waldig«.

Silvian: geht zurück auf lat. Silvianus, eine Ableitung von ▸ Silvius.

Silvi̱no: italienische Koseform von ▸ Silvio.
Sịlvio: italienische und spanische Form von ▸ Silvius.
Sịlvius: lateinischer Ursprung. In der altrömischen Sage ist Silvius ein Sohn des Äneas, von dem die Könige von Alba Longa und die Vestalin Rhea Silvia abstammen.
Sịmba: aus Kenia und Tansania, bedeutet auf Suaheli »Löwe«.
Si̱meon: aus der Bibel, Herkunft unsicher, hebr. šim'ōn, in der Bibel volksetymologisch erklärt als Ausspruch Leas »weil der Herr hörte [, dass ich gehasst werde]«. Simeon ist der zweite Sohn Jakobs und Leas.
Si̱mon: aus der Bibel übernommen, geht als griechischer Name zurück auf griech. simós »stumpf-, plattnasig«, als jüdischer Name dagegen griechisch beeinflusste Schreibung von ▸ Simeon. In der Bibel ist Simon der ursprüngliche Name des Apostels Petrus.
Sịmson: ▸ Samson.
Sinạn: türkische Herkunft, Bedeutung »eiserne Speerspitze«.
Sinclair [ˈsɪŋklɛə]: ursprünglich schottischer Familienname normannischer Herkunft nach einem französischen Ortsnamen (Saint-Clair).
Sion [ʃɔn]: walisische Form von ▸ Johannes.
Sịrko: ▸ Sierk.
Sịxten: schwedische Herkunft, zu altnord. sigr »Sieg« + altnord. steinn »Stein«.
Sö̱nke, (auch:) Sö̱hnke; Su̱nke: nordfriesischer Vorname, zu altnordfries. *Sunika, zu ahd. sunu »Sohn«.
Sonny [ˈsʌ...]: Verkleinerungsform von engl. son, also »Söhnchen«.
So̱phus: zu lat. sophus aus griech. sophós »weise, der Weise«.
Sö̱ren: dänische Form von ▸ Severin.
Spẹncer: ursprünglich englischer Familienname, der auf die altfranzösische Berufsbezeichnung despensier »Verwalter [der Vorräte], Kellermeister« zurückgeht.
Stạffan: schwedische Nebenform von ▸ Stephan.
Stan [stæn]: englische Kurzform von ▸ Stanley.
Sta̱nislaus: lateinische Form von ▸ Stanislaw/Stanislav.

Stanislaw, (auch:) Stanislav: aus dem Polnischen oder Tschechischen, zu urslaw. *stati »werden«, *stanь »Festigkeit, Härte« + urslaw. *slava »Ruhm, Ehre«.

Stanko: Kurzform von ▸ Stanislaw/Stanislav.

Stanley ['stænlı]: ursprünglich englischer Familienname nach einem Ortsnamen.

Steen: ▸ Sten.

Stefan: heute bevorzugte Schreibweise von ▸ Stephan, auch dänisch, schwedisch, norwegisch.

Stefano: italienische Form von ▸ Stephan.

Steffen: Nebenform von ▸ Stephan, auch dänisch.

Sten: zu altnord. steinn »Stein«.

Stephan, (auch:) Stefan: zu griech. stéphanos »Kranz, Krone«.

Stephanus: ▸ Stephan.

Stephen ['sti:vn]: englische Form von ▸ Stephan.

Steve [sti:v]: englische Kurzform von ▸ [1]Steven.

[1]Steven ['sti:vn]: englische Form von ▸ Stephan.

[2]Steven: niederländische Form von ▸ Stephan.

Stig: aus dem Dänischen, Bedeutung ungefähr »der Wanderer« zu altnord. stíga »steigen, gehen«, auch schwedisch und norwegisch.

Stojan: russische/polnische/tschechische/serbische/kroatische Herkunft, zu urslaw. *stojati »stehen«.

Stuart [stjʊət]: ursprünglich englischer Familienname, dem eine französisch beeinflusste Schreibung von mittelengl. stīweard, engl. steward »Haushofmeister, Haushalter, Verwalter« zugrunde liegt.

Suitbert, (auch:) Switbert: zu altengl. Swīðbeorht zu altengl. swīð »stark, mächtig« + altengl. beorht »glänzend«.

Süleyman: türkische Form von ▸ Salomon.

Sunke: ▸ Sönke.

Sunny ['sʌ...]: zu engl. sunny »sonnig« oder Variante von ▸ Sonny.

Suresch, (auch:) Suresh: indischer Herkunft (sanskrit. sura »Gott« + sanskrit. īśa »Herr«: »Herr der Götter«), Beiname der Götter Indra, Schiwa, Wischnu.

Sven: zu altnord. sveinn »junger Mann«.

Svend: dänische Form von ▸ Sven.

Swẹn: ▸ Sven.
Swi̱tbert: ▸ Suitbert.
Sydney: ▸ Sidney.
Sylvain [sɪlˈvɛ̃]: französische Form von ▸ Silvan.
Sylva̱n: ▸ Silvan.
Sylvẹster: ▸ Silvester.
Sylvia̱n: ▸ Silvian.
Sỵlvio: ▸ Silvio.

T

Tadẹo: spanische Form von ▸ Thaddäus.
Tadeusz [taˈdɛuʃ]: polnische Form von ▸ Thaddäus.
Tạdzio: polnische Koseform von ▸ Tadeusz.
Ta̱hir: arabische Herkunft (arab. ṭāhir »rein, tugendhaft, keusch« zu arab. ṭhura »rein sein«).
Tạkumi: zu japan. takumi »Handwerk«.
Tamás [ˈtomaːʃ]: ungarische Form von ▸ Thomas.
Tami̱no: Herkunft und Bedeutung unklar.
Tammy [ˈtæ...]: Koseform von Tammas, einer schottischen Variante von ▸ Thomas.
Ta̱mo: Eindeutschung von ungar. Tamó, einer Kurzform von ▸ Thomas, oder Variante von Tammo, einer friesischen Kurzform von Thankmar (▸ Dankmar).
Tạnjo: bulgarische, serbische, kroatische Koseform von Atanas (▸ Athanasius).
Tạnno: verselbstständigte friesische Kurzform von Namen, die mit »Thank-« gebildet sind (z. B. Thankmar, ▸ Dankmar).
Ta̱rek, (auch:) Ta̱rik; Ta̱riq: zu arab. tāriq »der an die Tür klopft, nächtlicher Besucher«.
Tạro: zu japan. ta »dick« + ro »junger Mann, Gatte, Herr«.
Tạrun: aus Indien, zu sanskrit. taruna »zart, jung«.

Tassilo, (auch:) Thassilo: alter deutscher Vorname, Koseform von ▸ Tasso.

Tasso: langobardisch-oberdeutsche Herkunft, zu german. *dēdi »Tat«.

Taylor [ˈteɪlɔ]: geht zurück auf den gleichlautenden englischen Familiennamen (»Schneider«).

Tebbe: ▸ Tebbo.

Tebbo, (auch:) Tebbe: friesische Kurzform von Zusammensetzungen mit »Diet-« (ahd. thiot, altsächs. thiad »Volk«).

Ted: englische Kurzform von ▸ Edward, auch als Kurzform von Theodore (▸ Theodor) in Gebrauch.

Teddy: englische Koseform von ▸ Ted.

Teja: eine mit spätostgotisch *Þiuða- »Volk« + -jan-Suffix gebildete Kurzform. Der Name geht auf den letzten Ostgotenkönig (6. Jh.) zurück.

Tekin: zu türk. tekin »Prinz«.

Tell: geht zurück auf den Familiennamen des Schweizer Nationalhelden Wilhelm Tell, Bedeutung unklar.

Teo: ▸ Theo.

Terence, (auch:) Terrence: aus dem Englischen, geht zurück auf den römischen Geschlechternamen Terentius, dessen Bedeutung umstritten ist.

Terry: englische Herkunft, Koseform von ▸ Terence.

Tevin [ˈtɛvɪn]: afroamerikanische Herkunft, Umbildung von ▸ Kevin mit dem beliebten Anlaut »T-«.

Thaddäus: aus der Bibel, Herkunft und Bedeutung unbekannt. Thaddäus lautete der Beiname des heiligen Judas Thaddäus, der einer der zwölf Apostel war.

Thankmar: ▸ Dankmar.

Thassilo: ▸ Tassilo.

Thedo: friesische Kurzform von Namen, die mit »Theod-« (ahd. thiot »Volk«) gebildet sind.

Thees: verkürzte Form von ▸ Matthäus.

Theis: Kurzform von ▸ Matthias.

Theo, (selten auch:) Teo: Kurzform von Namen, die mit »Theo-« gebildet sind, z. B. ▸ Theodor, ▸ Theobald.

Theobald: latinisierte Form von Dietbald (ahd. thiot »Volk« + ahd. bald »kühn«).

Theoderich: hervorgegangen aus Theodericus, einer latinisierten Form von ▸ Dietrich.
Theodor: zu griech. theós »Gott« und dōron »Geschenk, Gabe«, also »Gottesgeschenk«.
Theodore [ˈθɪədɔ:]: englische Form von ▸ Theodor.
Théodore [teɔˈdɔ:r]: französische Form von ▸ Theodor.
Theophil, (auch:) Theophilus: griech. Theóphilos, zu theós »Gott« und phílos »lieb, befreundet«, also »Gottesfreund«.
Thibaut, (auch:) Thibault [tiˈbo]: französische Form von ▸ Theobald.
Thido: Kurzform von Namen, die mit »Diet-« (ahd. thiot »Volk«) gebildet sind.
Thielo: ▸ Thilo.
Thiemo: ▸ Timo.
Thierry [tjɛˈri]: französische Form von ▸ Dietrich.
Thies, (auch:) Thieß: Kurzform von ▸ Matthias.
Thilo, (auch:) Thielo; Tilo: Koseform von Namen, die mit »Diet-« gebildet sind, besonders von ▸ Dietrich.
Thimo: ▸ Timo.
Thomas, (auch:) Tomas: aus der Bibel, geht zurück auf einen Beinamen aramäischen Ursprungs, zu te'omā »Zwilling«.
Thor: ▸ Tor.
Thoralf: ▸ Toralf.
Thorben: ▸ Torben.
Thore: ▸ Tore.
Thoren: ▸ Toren.
Thorge: ▸ Torge.
Thorin: ▸ Torin.
Thorsten: ▸ Torsten.
Thorvid: ▸ Torvid.
Thure: ▸ Ture.
Tiago: aus dem Spanischen, Kurzform von ▸ Santiago.
Tiberio: italienische und spanische Form von ▸ Tiberius.
Tiberius: geht zurück auf das römische Praenomen (Vornamen) Tiberius (abgeleitet von dem Namen des Flusses Tiber, lat. Tiberis).
Tibor: ungarische Form von ▸ Tiburtius.

…iterung von lat. Tīburs »Einwohner von …tigen Tivoli bei Rom«.

…ne Kurzform von Namen, die mit »Diet-« gebil-…ind, besonders von ▸ Dietrich.

Tiemo: ▸ Timo.

Tilbert: Neubildung aus Til (▸ Till) und dem Namenbestandteil »-bert« (ahd. beraht »glänzend, berühmt«).

Till, (auch:) Til; Tyll: Koseform von Namen, die mit »Diet-« gebildet sind, besonders von ▸ Dietrich.

Tillmann, (auch:) Tilmann; Tilman: mit »-mann« gebildete Erweiterung von ▸ Till.

Tilmar: Neubildung aus Til (▸ Till) und dem Namenbestandteil »-mar« (ahd. māri »bekannt, berühmt, angesehen«).

Tilo: ▸ Thilo.

Tim, (auch:) Timm: Kurzform von ▸ Timotheus, ▸ Dietmar oder ▸ Timo. Im Englischen ist Tim eine Kurzform von ▸ Timothy.

Timmi: Koseform von ▸ Tim, ▸ Timo.

Timmo: ▸ Timo.

Timmy: englische Koseform von ▸ Timothy.

Timo, (auch:) Timmo: Kurzform von ▸ Timotheus oder ▸ Dietmar.

Timon: zu griech. Tímōn, Kurzform von Vollformen wie Timótheos, ▸ Timotheus.

Timor: ursprünglich möglicherweise im Anschluss an Psalm 110 (Initium sapientiae timor domini = Gottesfurcht ist der Anfang der Weisheit) vergeben, in neuerer Zeit jedoch wohl eher Variante des turksprachigen Namens ▸ Timur.

Timothée, (auch:) Timothé: französische Form von ▸ Timotheus.

Timotheus: griech. Timótheos, zu timáō »schätzen, ehren« und theós »Gott«, also »Gott ehrend«.

Timothy ['tɪməθɪ]: englische Form von ▸ Timotheus.

Timur: nach dem mittelasiatischen Eroberer Timur i Leng, im Westen bekannt als »Tamerlan« ; geht zurück auf alttürk. temür »Eisen«, i Leng bedeutet auf Persisch »der Lahme«.

Tino: italienische Kurzform von Namen, die auf »-tino« ausgehen (z. B. ▸ Valentino).

Tito: italienische Form von ▸Titus.

Titus: geht zurück auf einen alten römischen Vornamen (Praenomen) wahrscheinlich nordoskisch-umbrischer Herkunft, dessen Bedeutung ungeklärt ist.

Tizian: deutsche Form von ▸Tiziano.

Tiziano: italienische Form von Titianus, einem von ▸Titus abgeleiteten römischen Beinamen.

Tjade, (auch:) Tjado: friesische Kurzform von Namen, die mit »Diet-« (altsächs. thiad »Volk«) gebildet sind.

Tobi: Kurzform von ▸Tobias.

Tobias, (überkonfessionelle Form:) Tobija: zu hebr. tōbīyā(hū) »Jahwe ist gütig«. In der Bibel ist Tobias der fromme Sohn eines erblindeten Vaters, der mit dem Engel Raphael als unerkanntem Begleiter eine gefährliche Reise besteht und zuletzt seinen Vater heilt.

Tobit: griechische Form von hebr. tobi, Kurzform von tōbīyā(hū) »Jahwe ist gütig«. So heißt der Vater des Tobias.

Toby ['toʊbɪ]: englische Kurzform von ▸Tobias.

Toivo: zu finn. toivo »Hoffnung«.

Tom: englische Kurzform von ▸Thomas.

Tomas: Schreibvariante von ▸Thomas, auch serbisch, kroatisch, dänisch, schwedisch, norwegisch.

Tomaso: ▸Tommaso.

Tomasz ['tomaʃ]: polnische Form von ▸Thomas.

Tomek: polnische und tschechische Koseform von ▸Thomas.

Tomislav: tschechische, slowakische, slowenische, serbische, kroatische Herkunft, zu urslaw. *tomiti »quälen, plagen« + urslaw. *slava »Ruhm, Ehre«.

Die schönsten biblischen Jungennamen

Aaron • Amon • Benjamin • Dan • Jadon • Jeremias • Joel • Joscha • Kaleb • Levi • Samuel • Silas • Simon • Tobias • Urias

Tọmke: friesische Koseform von ▸ Thomas oder Kurzform von Namen, die mit »Dank-« gebildet sind (z. B. ▸ Dankmar).

Tommaso: italienische Form von ▸ Thomas.

Tọmmi: deutsche Schreibweise von ▸ Tommy.

Tọmmy: englische Koseform von ▸ Thomas.

Ton: Kurzform von ▸ Anton.

Toni, (auch:) Tony: Kurzform von ▸ Anton.

Tonino: italienische Koseform von ▸ Antonio oder Kurzform von ▸ Antonino.

Tonio: italienische Kurzform von Antonio (▸ Anton).

Tọ̈njes: niederdeutsch-friesische Kurzform von ▸ Antonius.

Tọ̈nnies: niederdeutsche Kurzform von ▸ Antonius.

Tony [ˈtəʊnɪ]: englische Kurzform von ▸ Anthony, auch Schreibvariante von ▸ Toni.

Tor, (auch:) Thor: Kurzform von nordischen Namen, die mit »Tor-« gebildet sind (z. B. ▸ Torbjörn).

Toralf, (auch:) Thoralf: zu altnord. Þórr »Thor«, dem Donnergott, + altnord. alfr »Elf, Naturgeist«.

Tọrben, (auch:) Thọrben: dänische und schwedische Nebenform von ▸ Torbjörn.

Torbjörn, (auch:) Thorbjörn: zu altnord. Þórr »Thor«, dem Donnergott, + altnord. bjǫrn »Bär«.

Tore, (auch:) Thore: wohl zu altnord. Þórr »Thor«, dem Donnergott, + altnord. vér < urnord. *wīhaR »Mann, Kämpfer«, oder Kurzform von Zusammensetzungen mit »Tor-«.

Toren, (auch:) Thorén: geht zurück auf norwegisch/schwedisch Torenius, eine Erweiterung von mit »Tor-« gebildeten Namen (vgl. ▸ Tore); auch schwedischer Familienname.

Tọrge, (auch:) Thọrge: wohl Eindeutschung von norweg. Torje/schwed. Törje, Nebenformen von Torgeir (zu altnord. Þórr »Thor«, dem Donnergott + altnord. geirr »Speer«).

Torin, (auch:) Thorin: nordische Herkunft, männl. Bildung zu Torina, Weiterbildung von Tora, Kurzform von nordischen Namen, die mit »Tor-« (zu altnord. Þórr »Thor«, dem Donnergott) gebildet sind, z. B. Torhild.

Tọrsten, (auch:) Thọrsten: zu altnord. Þórr»Thor«, dem Donnergott, + altnord. steinn »Stein«.

Tọrvid, (auch:) Thọrvid: zu altnord. Þórr »Thor«, dem Donnergott, + altnord. viðr »Baum«.

Tracy ['treɪsɪ]: ursprünglich englischer Familienname nach einem Ortsnamen in der Normandie.

Trajan, (auch:) Traian: nach dem Namen des römischen Kaisers Marcus Ulpius Traianus (1./2. Jh.).

Travis ['trævɪs]: ursprünglich Familienname zu mittelengl. travers, später travis < altfranzös. travers(e) »Überquerung [eines Flusses, einer Brücke, einer Grenze]; Brückenzoll, Durchgangszoll«.

Tristan: kelt. Drystan zu drest, drust »[Waffen]lärm«. Die Form Tristan ist wohl beeinflusst durch altfranzös. triste »traurig«.

Tristram ['trɪstrəm]: englische Form von ▸ Tristan.

Tullio: italienische Form von Tullius, einem römischen Geschlechternamen.

Turan: türkische Herkunft, abgeleitet von dem geografischen Namen Turan, einem Tiefland Mittelasiens, ungefähr dem heutigen Turkestan entsprechend.

Ture, (auch:) Thure: dänische und schwedische Variante von ▸ Tore.

Tyler ['taɪlə]: ursprünglich englischer Familienname nach dem Beruf des Ziegelbrenners oder Dachdeckers (vgl. engl. tile »[Dach]ziegel«).

Tyll: ▸ Till.

Tyson [taɪsn]: ursprünglich englischer Familienname, dem altfranzös. tison »Holzstück« zugrunde liegt.

U

Ubbo, (auch:) Ubbe: friesische Kurzform von Namen wie Ulbert (ahd. uodal »Erbgut, Heimat« + ahd. beraht »glänzend«). Im Schwedischen ist Ubbe eine Ableitung von ▸ Ulf oder ▸ Urban.

Udo, (auch:) Ude; Uto: alter deutscher Vorname, Nebenform von ▸ Odo oder Kurzform von Namen, die mit ahd. uodal »Erbgut, Heimat« gebildet sind, besonders von Uodalrich (▸ Ulrich).

Ueli: schweizerische Koseform von ▸ Ulrich.

Ugo: italienische Form von ▸ Hugo.

Ulf: Kurzform von Namen, die mit dem Namenbestandteil altsächs. wulf »Wolf« gebildet sind, oder Entlehnung des nordischen Vornamens Ulf (altnord. Ulfr) mit gleicher Bedeutung.

Ulfried, (auch:) Ulfrid: zu ahd. uodal »Erbgut, Heimat« + ahd. fridu »Schutz vor Waffengewalt, Friede«.

Uli, (auch:) Ulli: Koseform von Namen, die mit »Ul-« gebildet sind, besonders von ▸ Ulrich.

Ullo, (auch:) Ulo: Kurzform von Namen, die mit »Ul-« gebildet sind.

Ulrich, (auch:) Ullrich: alter deutscher Vorname, zu ahd. uodal »Erbgut, Heimat« + ahd. rīhhi »Herrschaft, Herrscher, Macht; reich, mächtig, hoch«.

Ulrik: niederdeutsche Nebenform von ▸ Ulrich.

Ulv: nordische Variante von ▸ Ulf.

Ulysses: lateinische Wiedergabe des Namens des griechischen Helden Odysseus.

Umberto: italienische Form von ▸ Humbert.

Urban: lateinischer Ursprung, geht zurück auf einen römischen Beinamen, zu lat. urbānus, -a, -um »zur Stadt [Rom] gehörend; fein gebildet; weltmännisch; Städter«.

Uri: Kurzform von ▸ Uriel oder ▸ Urias.

Urias, (überkonfessionelle Form:) Urija: zu hebr. 'ūriyā(hū) »Jahwe ist mein Licht«. Nach der Bibel war Urias ein Hethiter, mit dessen Frau Batseba König David Ehebruch beging.

Uriel: zu hebr. 'ūri'ēl »Gott ist mein Licht«. In der altjüdischen Tradition ist Uriel der Name eines Erzengels. In der außerbiblischen christlichen Tradition ist Uriel der Erzengel, der beim Weltgericht die Tore der Unterwelt öffnet und die Verstorbenen vor den Richterstuhl Gottes führt.

Urija: ▸ Urias.

Urs, (auch:) Ursus: lateinischer Ursprung, geht zurück auf einen römischen Beinamen, zu lat. ursus »der Bär«.

Ursin: lateinischer Ursprung, geht zurück auf den römischen Beinamen Ursinus, eine Ableitung von Ursus (▸ Urs).

Ursus: ▸ Urs.

Uthelm: Neubildung aus Ut[e] und ▸ Helm[ut]. Ute ist die hochdeutsche Form von Oda, einer verselbstständigten Kurzform von Zusammensetzungen mit »Ot-«, zu ahd. ōt »Besitz, Reichtum« als erstem Bestandteil.

Uto: ▸ Udo.

Utz: Koseform von Namen, die mit ahd. uodal »Erbgut, Heimat« gebildet sind, besonders von ▸ Ulrich.

Uwe, (auch:) Uve; Owe; Ove: wahrscheinlich verselbstständigte friesische Kurzform von Namen, die mit altinselnordfries. *ōva (zu german. *ōƀ- »tätig sein, ins Werk setzen«) gebildet wurden.

V

Václav ['va:tslaf]: tschechische Herkunft (▸ Wenzeslaus).

Vadim, (auch:) Wadim: russische, ukrainische und polnische Herkunft, zugrunde liegt wahrscheinlich das urslaw. Verb *vaditi »streiten«; manchmal auch als Kurzform von Vadimir (urslaw. *vaditi »streiten« + urslaw. *mirъ »Friede«) aufgefasst.

Vahan: armenische Herkunft (»der Schild«).

Valdis: zu lett. valdīt »herrschen«: »Herrscher«.

Valentin: geht zurück auf Valentinus, eine Ableitung des römischen Beinamens Valens, zu lat. valēns »kräftig, stark, gesund, mächtig«.

Valentino: italienische Form von ▸ Valentin.

Valéri: französische Form von ▸ Valerius.

Valerian: zu lat. Valeriānus, Ableitung von ▸ Valerius.

Valerij: russische Form von ▸ Valerius.

Valerio: italienische und spanische Form von ▸ Valerius.
Valerius: geht zurück auf einen altrömischen Geschlechternamen, zu lat. valēre »kräftig, stark sein«.
Valéry: ▸ Valéri.
Valtin: Kurzform von ▸ Valentin.
Varg: zu altnord. vargr »Wolf, Räuber, friedloser Mann«.
Varun: aus Indien, zu sanskrit. varuna »der zurückhält, zurückzieht«, Name einer vedischen Wassergottheit.
Vasco: spanische oder portugiesische Herkunft, entspricht dem Volksnamen »Baske«.
Vasílios, (auch:) Vassilios: neugriechische Form von ▸ Basilius.
Veikko ['veikko]: finnische Herkunft, Bedeutung »Bruder«.
Veit, (auch:) Vitus: geht zurück auf den heiligen Märtyrer Vitus, Etymologie seines Namens nicht sicher geklärt, vielleicht zu thrak. bītus »aus Bithynien«.
Vernon ['və:nən]: ursprünglich englischer Familienname nach einem französischen Ortsnamen.
Vero: aus Italien, geht zurück auf den spätrömischen Beinamen Verus, zu lat. vērus »wahr«. Gelegentlich kann es sich bei Vero auch um eine männliche Bildung zu Vera (zu russ. »Glaube, Zuversicht, Religion«) handeln.
Vicco: Kurzform von ▸ Viktor.
Vico: italienische Kurzform von Lodovico (▸ Ludwig), auch Schreibvariante von ▸ Vicco.
Victor: ▸ Viktor.
Vidar: zu altnord. Víðarr zu altnord. víð »Wald« + urnord. harjaR, altnord. herr »Heer; Heerführer, Krieger«.
Viggo: nordische Herkunft, latinisierte Kurzform von Zusammensetzungen mit dem altnordischen Namenbestandteil víg »Kampf, Streit«.
Vigil: geht zurück auf den römischen Beinamen Vigilius, der traditionellerweise zu lat. vigilāre »wachen« gestellt wird.
Vikram: indische Herkunft (sanskrit. vikrama »Schritt«, auch »Heldentum; Stärke«).
Viktor, (auch:) Victor: lat. victor »Sieger«, auch Beiname des Herkules und des Göttervaters Jupiter.
Vilhelm: nordische Form von ▸ Wilhelm.

Vilmos [ˈvilmoʃ]: ungarische Herkunft, hervorgegangen aus der latinisierten Form Willemus (▸ Wilhelm).

Vince [vɪns]: englische Kurzform von Vincent (▸ Vinzenz), auch ungarisch.

Vincẹnt: deutsche, niederländische, englische [ˈvɪnsənt] und französische [vɛ̃ˈsɑ̃] [Neben]form von ▸ Vinzenz.

Vịncenz: ▸ Vinzenz.

Vincenzo [vinˈtʃɛntso]: italienische Form von ▸ Vinzenz.

Vịnzenz, (auch:) Vincẹnt; Vịncenz; Vinzẹnt: lat. Vincentius, Ableitung von lat. vincēns »siegend«.

[1]Virgi̲l: nach dem aus Irland stammenden heiligen Virgilius, Bischof von Salzburg, dessen ursprünglicher Name, vermutlich Fearghal (gäl. fear »Mann« + gal »Tapferkeit«), als »Virgilius« (▸ [2]Virgil) latinisiert wurde.

[2]Virgi̲l: nach dem römischen Nationaldichter Vergil; geht zurück auf Virgilius, eine jüngere Form des altrömischen Geschlechternamens Vergilius.

Virgilio [virˈdʒiːli̯o]: italienische Form von Virgilius (▸ [2]Virgil, selten ▸ [1]Virgil).

Vita̲l: deutsche Form von ▸ Vitalis.

Vita̲lis: geht zurück auf einen römischen Beinamen, zu lat. vītālis »das Leben erhaltend, Leben spendend«.

Vi̲to: italienische und spanische Form von ▸ Vitus.

Vitto̲rio: italienische Form von ▸ Viktor.

Vi̲tus: ▸ Veit.

Vivian [ˈvɪvɪən]: aus dem Englischen, geht zurück auf eine altfranzösische Form des römischen Beinamens Vibianus/Vivianus (Ableitung von dem bislang ungeklärten Geschlechternamen Vibius, früher gern zu dem lateinischen Adjektiv vīvus »lebendig, lebhaft« gestellt).

Vivien [viˈvjɛ̃]: französische Form des römischen Beinamens Vibianus/Vivianus (▸ Vivian).

Vladi̲mir: englische, französische, serbische, kroatische Form von ▸ Wladimir, auch Eindeutschung von tschech. Vladimír.

Vọlker, (auch:) Fọlker; Vọlkher: alter deutscher Vorname, zu ahd. folc »Haufe, Kriegsschar, Volk« + ahd. heri »Heer; Heerführer, Krieger«; etwa »Kämpfer in der Kriegsschar«.

Vọlkmar, (auch:) Fọlkmar: alter deutscher Vorname (ahd. folc »Haufe, Kriegsschar, Volk« + ahd. māri »bekannt, berühmt, angesehen«; etwa »der in der Kriegsschar berühmt ist«).

W

Wadịm: ▸ Vadim.

Wahi̱b: arabische Herkunft (arab. wahīb »Geber, großzügiger Schenker « zu arab. wahaba »geben«).

Wạldemar, (auch:) Wọldemar: alter deutscher Vorname, zu ahd. walt- zu waltan »walten, herrschen« + ahd. māri »bekannt, berühmt, angesehen«.

Wạldo, (auch:) Wạlto: verselbstständigte Kurzform von Namen, die mit »Wald[e]-« oder »-wald« gebildet sind.

Wali̱d: zu arab. walīd »neugeborenes Kind«.

Wạlram: alter deutscher Vorname (ahd. wal »Kampfplatz, Walstatt« + ahd. hraban »Rabe«. Der Rabe war in der germanischen Mythologie mit dem Gott Odin verbunden. Er ist auch der Totenvogel. Der Name bedeutet also »Schlachtrabe, Kampfrabe«.). Der Vorname Walram war im Mittelalter besonders bei rheinischen Adelsfamilien verbreitet.

¹Wạlt: Kurzform von Namen, die mit »Wald(e)-« oder »-wald« gebildet sind.

²Walt [wɔ:lt]: englische Kurzform von Walter (▸ Walter).

Wạlter, (auch:) Wạlther: alter deutscher Vorname, zu ahd. walt- zu waltan »walten, herrschen« + ahd. heri »Heer; Heerführer, Krieger«, auch englisch [ˈwɔ:ltə].

Wạlto: ▸ Waldo.

Wạnja: russische Koseform von Iwan (▸ Johannes).

Wạnjo: bulgarische Koseform von Iwan (▸ Johannes).

Wạsja: russische Koseform von Wassili (▸ Basilius).

Wassili, (auch:) Wassilij; Wassily: russische Form von ▸ Basilius.
Wassim: arabische Herkunft (arab. wasīm »schön, anmutig, gut aussehend « zu arab. wasama »kennzeichnen«).
Wayne [weɪn]: ursprünglich englischer Berufsübername für den Wagenmacher, -lenker, zu altengl. wæg[e]n »Wagen«.
Weddo: verselbstständigte Kurzform von Zusammensetzungen mit »Wig-« (ahd. wīg »Kampf, Krieg«) oder »Widu-« (ahd. witu »Wald«).
Wedigo, (auch:) Wedige: ▸ Witigo.
Wendelin, (auch:) Wendel; Wendlin: Koseform von heute nicht mehr vorkommenden Namen wie Wendelbert, Wendelmar. Der erste Namenbestandteil »Wendel-« gehört zum germanischen Stammesnamen der Vandalen.
Wendlin: ▸ Wendelin.
Wenko: niederdeutsche Koseform von Namen, die mit »Win-« oder »-win« (ahd. wini »Freund«) gebildet sind.
Wenzel: deutsche Kurzform von ▸ Wenzeslaus.
Wenzeslaus: lateinische Form von alttschech. Venceslav, tschech. Václav, dt. Wenzel (urslaw. *vętje, poln. więcej »mehr« + urslaw. *slava »Ruhm, Ehre«).
Werner, (auch:) Wernher: erster Bestandteil Vermischung des Volksnamens der germanischen Warnen mit german. *warō »Aufmerksamkeit« (vgl. altengl. waru »Schutz«, ahd. warnōn »warnen«); zweiter Bestandteil zu ahd. heri »Heer; Heerführer, Krieger«, etwa »Warnenkrieger«.
Werno: Kurzform von Namen, die mit »Wern-« gebildet sind, besonders von ▸ Werner.
Wesley ['wɛslɪ]: ursprünglich englischer Familienname nach einem Orts- oder Flurnamen mit der Bedeutung »westliche Lichtung/Wiese«.
Wessel: niederdeutsch-friesische Koseform von ▸ Werner.
Widar: eindeutschende Schreibung von ▸ Vidar.
Wido, (auch:) Wito; Widu: alter deutscher Vorname, Kurzform von Namen, die mit »Wid-«, »Wit-« gebildet sind, z. B. Widukind und ▸ Witold.
Wieland, (auch:) Wielant; Wiland: alter deutscher Vorname, wohl zu ahd. *wēla »[Kampf]gewoge« + ahd. nand [nur

och in Namen belegt] »kühn, wagemutig«, vgl. ahd. nenden »wagen«; also »kühn im Kampf«.

Wi̲go, (auch:) Wịkko: Kurzform von Namen, die mit »Wig-« (ahd. wīg »Kampf, Krieg«) gebildet sind.

Wịl: Kurzform von ▸ Wilhelm, auch niederländisch.

Wi̲land: ▸ Wieland.

Wilbur ['wɪlbə]: angloamerikanische Herkunft, geht zurück auf einen Familiennamen, dessen Bedeutung umstritten ist.

Wịlhelm: zu ahd. willio »Wille« + ahd. helm »Helm«.

Wịlko, (auch:) Wịlke; Wịlken; Wịlkin; Wịlk; Wịlliko: niederdeutsch-friesische Koseform von Namen, die mit »Wil-« oder »Willi-« gebildet sind, meist aber von ▸ Wilhelm.

Wịll: deutsche Kurzform von Namen, die mit »Wil-« oder »Willi-« gebildet sind, meist aber von ▸ Wilhelm, auch englische Kurzform [wɪl] von ▸ William.

Wịllem: niederdeutsche und niederländische Form von ▸ Wilhelm.

Wịlli, (auch:) Wịlly: Kurzform von Namen, die mit »Wil-« oder »Willi-« gebildet sind, meist aber von ▸ Wilhelm.

William ['wɪljəm]: englische Form von ▸ Wilhelm.

Wịllibald: alter deutscher Vorname, zu ahd. willio »Wille« + ahd. bald »kühn«.

Willie ['wɪlɪ]: englische Koseform von ▸ William.

Wịlliko: ▸ Wilko.

Wịllm: ▸ Wilm.

Wịllo: Kurzform von Namen, die mit »Wil-« oder »Willi-« gebildet sind, meist aber von ▸ Wilhelm.

Wịlly: Schreibvariante von ▸ Willi, auch englische Koseform ['wɪlɪ] von ▸ William.

Wịlm, (auch:) Wịllm: durch Zusammenziehung entstandene Kurzform von ▸ Wilhelm.

Wilson [wɪlsn]: ursprünglich englischer Familienname, Bedeutung »Sohn des ▸ Will«.

Wịm: durch Zusammenziehung entstandene Kurzform von ▸ Wilhelm, auch niederländisch.

Wi̲mar: alter deutscher Vorname, zu ahd. wini »Freund« + ahd. māri »bekannt, berühmt, angesehen«.

Wịnfried, (auch:) Wịnfred; Wịnfrid: alter deutscher Vorname, zu ahd. wini »Freund« + ahd. fridu »Schutz vor Waffengewalt, Friede, Friedenswahrer«.

Wịnno: Kurzform von Namen, die mit »Win-« oder »-win« gebildet sind.

Wi̲tigo, (auch:) Wịttich; Wịttig; We̲digo; We̲dige: erster Bestandteil aus ahd. witu »Holz«, der zweite Teil gehört zu got. gauja »Gaubewohner«: »Waldgaubewohner«.

Wi̲to: ▸ Wido.

[1]Wi̲told: alter deutscher Vorname, zu ahd. witu »Holz, Wald« + ahd. -walt zu waltan »walten, herrschen«.

[2]Wi̲told: polnische Herkunft, geht zurück auf lit. Vytautas (< lit. vyd- zu [iš]vysti »sehen« + lit. tauta »Nation«).

Wi̲tolf: zu ahd. witu »Holz, Wald« + ahd. wolf »Wolf«.

Wịttich, (auch:) Wịttig: ▸ Witigo.

Wladi̲mir, (auch:) Vladi̲mir; Wla̲dimir: altruss. Volodiměrъ; erster Bestandteil zu kirchenslaw. vlad- »Macht«; zweiter Bestandteil urverwandt mit ahd. māri »bekannt, berühmt, angesehen« in Namen wie ▸ Dietmar, ▸ Waldemar, wurde aber im Russischen volksetymologisch an russ. mir »Friede« angelehnt.

Wla̲dislaw: Eindeutschung von poln. Władysław oder tschech. Vlạdislav (▸ Ladislaus).

Wo̲dan: ▸ Wotan.

Wọldemar: ▸ Waldemar.

Wọlf, (auch:) Wọlff; Wụlf; Wụlff: alter deutscher Vorname, Kurzform von Namen, die mit »Wolf-« gebildet sind, besonders von ▸ Wolfgang.

Wọlfgang: alter deutscher Vorname, zu ahd. wolf »Wolf« + ahd. ganc »Gang«; etwa »der den Gang eines Wolfs hat«.

Wọlfram: alter deutscher Vorname, zu ahd. wolf »Wolf« + ahd. hraban »Rabe«.

Woody ['wʊdɪ]: Koseform von Woodrow, einem englischen Familiennamen nach dem Wohnsitz (»Häuserreihe am Wald«) bzw. nach dem gleichlautenden Ortsnamen.

Wo̲tan, (auch:) Wo̲dan: nach dem höchsten germanischen Gott, zu german. *wōda- »besessen, erregt« im Sinne von »der Inspirierte«.

Wụlf, (auch:) Wụlff: ▸ Wolf.

X

Xaime [ˈʃaime]: galicische (nordwestspanische) Form von ▸ Jakob, die aus spätlat. Jacomus hervorgegangen ist.
Xạnder: Kurzform von ▸ Alexander.
Xa̲ver, (auch:) Xave̲rius: eigentlich der verselbstständigte Beiname des heiligen Franz Xaver nach seinem Geburtsort, dem Schloss Xavier (heute: Javier) in Navarra (Spanien).
Xave̲rius: Latinisierung von ▸ Xaver.
Xavier, französ. Aussprache: [gzaˈvje], engl. Aussprache: [ˈzeɪvɪə]: französische und englische Form von ▸ Xaver.
Xẹrxes: griechische Form des altpersischen Namens Xšaya-ršan »über Helden herrschend«.

Y

Ya̲go: geht zurück auf eine im mittelalterlichen Spanien geläufige Kurzform von ▸ Jakob (vgl. den Ortsnamen Santiago).
Yạn: Schreibvariante von ▸ Jan oder ▸ Yann.
Yạnek: Schreibvariante von ▸ Janek.
Yạnick, (auch:) Yạnik: Schreibvariante von ▸ Yannick oder ▸ Janik.
Yạnis: ▸ Yannis, ▸ Janis.
Yạnn, französische Aussprache: [jã]: bretonische Form von ▸ Johannes, auch Schreibvariante von ▸ Jann.
Yạnnek, (auch:) Yạnneck: ▸ Jannek.
Yạnnes: Schreibvariante von ▸ Jannes.
Yạnnic: ▸ Yannick, ▸ Jannik.
Yạnnick: französische Schreibweise von breton. Yannig, einer Koseform von Yann (▸ Johannes).

Yạnnik: ▸ Yannick, ▸ Jannik.

Yạnnis: französische Schreibweise der neugriechischen Form von ▸ Johannes, auch Schreibvariante von ▸ Jannis.

Yaron: aus dem Neuhebräischen, Bedeutung: »Er wird singen, er wird froh sein«.

Yaşar [ja'ʃar]: türkischer Herkunft (zu der türkischen Partizipialbildung yaşar »lebend«).

Yassin: Vorname arabischer Herkunft, der aus den Anfangsbuchstaben (yā und sīn) der 36. Koransure gebildet ist.

Yerạy: von den Kanarischen Inseln stammender Vorname, der in der Guanche-Sprache »stark« bedeutet.

Yọrck: ▸ Jork.

Yọrick, (auch:) Yọrrick: wohl englische Wiedergabe einer dänischen Ableitung von ▸ Georg.

¹York [jɔ:k]: ursprünglich englischer Familienname nach der Stadt York.

²Yọrk: ▸ Jork.

Yọshua: Schreibvariante von ▸ Joshua.

Yụkio: Vorname japanischer Herkunft (japan. yuki »Schnee« + japan. o »Mann«).

Yunụs: türkische Form von ▸ Jonas.

Yusuf: arabische ['ju:suf] und türkische [ju'suf] Form von ▸ Josef.

Yves: französische Form von ▸ Ivo.

Yvo: ▸ Ivo.

Yvon [i'võ]: französische Form von ▸ Ivo.

Z

Zacharias: griechische Form von hebr. zecharyāh »Jahwe hat sich erinnert«. Nach dem Neuen Testament war Zacharias der Vater Johannes' des Täufers und Gemahl der biblischen heiligen Elisabeth.

Zadok: Vorname hebräischen Ursprungs (hebr. ṣādōq »Er [Gott] ist gerecht/ Gerechtigkeit«).
Zahir ['za:hir]: Vorname arabischer Herkunft (arab. zahir »leuchtend, glänzend, blühend« zu arab. zahara »glänzen, blühen«).
Zaid [za'i:d]: wohl zu arab. zāda »größer werden, wachsen, zunehmen«.
Zander: Kurzform von ▸ Alexander.
Zeno, (auch:) Zenon: griech. Zḗnōn, Kurzform von griechischen Männernamen wie Zēnódotos »Geschenk des Zeus«.
Zikomo [zi'ko:mo]: aus Malawi, bedeutet in der Ngoni-Sprache »danke schön«.
Zino: italienische Kurzform von Namen, die auf »-zino« enden, z. B. Lorenzino (▸ Lorenzo), Vincenzino (▸ Vincenzo).
Ziyad [zi'ja:d]: arabische Herkunft (wohl eine verkürzte Form von arab. ziyāda »Zunahme, Wachstum« zu arab. zāda »größer werden, wachsen, zunehmen«).
Zlatko ['zlatko]: serbische, kroatische, slowenische oder slowakische Herkunft, Kurzform von Namen wie Zlatomir (zlato »Gold« + urslaw. mirъ »Friede«).
Zoltán ['zolta:n]: ungarische Herkunft, Bedeutung »Sultan«.